«Al centrarse en cinco temas cu[...] [...], Rebecca McLaughlin examina l[...] [...]s que se han infiltrado de manera insidiosa en nuestro mundo, incluida la iglesia, y proporciona una refutación sólida y bíblica para cada una. Todo cristiano necesita leer este libro».

BECKET COOK, autor de *A Change of Affection: A Gay Man's Incredible Story of Redemption* [Un cambio de afecto: la increíble historia de redención de un hombre homosexual] y anfitrión de «The Becket Cook Show».

«En este libro, Rebecca McLaughlin ofrece una corrección bíblica amable pero poderosa que llama a los lectores a un amor cristiano integral; un llamado más alto que el de la cultura, y a menudo, más difícil. Examina los mantras culturales populares y responde a cada uno con la verdad y la aplicación del evangelio de Cristo. En su enfoque equilibrado y lleno de misericordia, pinta las discusiones culturales a la luz más compasiva posible, ¡y después muestra la belleza de un camino más excelente!».

JASMINE HOLMES, autora de *Mother to Son: Letters to a Black Boy on Identity and Hope* [Madre a hijo: cartas a un niño negro sobre la identidad y la esperanza]

«El primer libro de Rebecca McLaughlin fue la mejor defensa completa de la fe cristiana que he leído en una década. Este es el complemento perfecto. En él, la autora señala el camino a una clase distinta de cristianismo "muscular", uno que puede tensar el *músculo de la convicción* y el *músculo de la compasión* al mismo tiempo. Para una iglesia (y un mundo) donde tan a menudo se obliga a elegir entre el conservadurismo petulante y el liberalismo condescendiente, McLaughlin recupera la genialidad de Jesucristo, mostrándonos cómo amar la verdad y a los humanos con una pasión equivalente. El resultado es un trato absolutamente cautivador y humano de cinco cuestiones contemporáneas vitales».

JOHN DICKSON, escritor e historiador, miembro distinguido de cristianismo público en Ridley College, Australia

«Este libro es poderosísimo en muchos aspectos. Es apremiante, accesible, informativo, cautivador, convincente y empoderador. Les da a los cristianos una comprensión y un lenguaje para poder participar sin retirarse, amar sin transigir, aceptar sin afirmar, identificarse sin simpatizar. Impulsa la conversación hacia delante, no tan solo a la derecha o a la izquierda. Es un libro de discipulado, no solo de apologética. Es increíble».

CHRISTINE CAINE, fundadora, A21 y Propel Women

«Hay pocas personas cuyas voces pueden traducir las declaraciones de Cristo a una nueva generación como Rebecca McLaughlin. Escribe con la claridad del evangelio, aguda perspicacia y un encanto personal que la transforman en una de las mejores apologistas de nuestra generación. Al igual que con su primer libro, *Confronting Christianity* [Confrontemos al cristianismo], apoyo este con entusiasmo».

J. D. GREEAR, pastor, Iglesia The Summit, Raleigh-Durham, Carolina del Norte; presidente, Convención Bautista del Sur

«Rebecca McLaughlin va donde pocos se han animado… de frente a algunas de las preguntas y cuestiones más difíciles de nuestro momento cultural, con compasión, claridad y convicción, para mostrar la belleza y la contundencia de la fe cristiana. Es una de las escritoras más importantes que sirven a la iglesia hoy. Lo probó con *Confronting Christianity* y ha consolidado esa condición con *El credo secular*. Una combinación potente de análisis cultural y reflexión bíblica, este es el libro peculiar que es vital para creyentes y escépticos por igual. No veo la hora de recomendarles *El credo secular* a los miembros de mi congregación y a mis amigos no cristianos».

CLAUDE ATCHO, pastor, Fellowship Memphis en Memphis, Tennessee; autor de un libro próximo a editarse sobre la literatura y la teología afroamericanas (Brazos)

EL
CREDO
SECULAR

RESPUESTAS A CINCO ARGUMENTOS CONTEMPORÁNEOS

REBECCA
McLAUGHLIN

ESPAÑOL
NASHVILLE, TN

El credo secular: Respuestas a cinco argumentos contemporáneos

Copyright © 2022 por Rebecca McLaughlin
Todos los derechos reservados.
Derechos internacionales registrados.

B&H Publishing Group
Nashville, TN 37234

Diseño de portada: B&H Español

Director editorial: Giancarlo Montemayor
Editor de proyectos: Joel Rosario
Coordinadora de proyectos: Cristina O'Shee

Clasificación Decimal Dewey: 261.5
Clasifíquese: SECULARISMO / RACIONALISMO / ÉTICA CRISTIANA

A menos que se indique de otra manera, las citas bíblicas se tomaron de La Santa
Biblia, Nueva Versión Internacional®, © 1999 por Biblica, Inc. ®. Usadas con permiso.
Todos los derechos reservados.

Las citas bíblicas marcadas LBLA se tomaron de LA BIBLIA DE LAS AMÉRICAS,
© 1986, 1995, 1997 por The Lockman Foundation. Usadas con permiso.

ISBN: 978-1-0877-6884-7

Impreso en EE. UU.
1 2 3 4 5 * 25 24 23 22

CONTENIDO

Para Rachel,
y para todos los que
anhelan justicia, verdad
y amor.

INTRODUCCIÓN

«¿Qué significa eso?».

Mi hija de ocho años tenía una pulsera que había encontrado en la escuela. En el borde, tenía estampadas cuatro palabras: «El amor es amor». Mientras conducíamos a la iglesia, pasamos por una peluquería, y en la vidriera se podían ver carteles de George Floyd y unas alas gigantes y multicolores con la proclama: «Las vidas trans son importantes», «Las vidas negras son importantes», «El amor es amor», «Juntos es mejor». Por todo nuestro vecindario, hay carteles que declaran:

En esta casa, creemos que:
Las vidas negras son importantes
El amor es amor
Los derechos de la mujer son derechos humanos
Todos somos inmigrantes
La diversidad nos fortalece

Carteles como estos bocetan un credo secular o la declaración de una creencia. No se centra en Dios, sino en la diversidad, en la igualdad y en el derecho que tiene cada persona de ser lo que es.

Al ver carteles como estos, los cristianos tienden a buscar un martillo. Algunos lo usan para clavar el cartel en su propio jardín. Se lamentan por la injusticia racial, creen en la diversidad, saben que las mujeres están a la misma altura que los hombres, y se les ha enseñado que afirmar las relaciones homosexuales, la identidad transgénero y las posturas a favor de la elección es un aspecto importante y necesario de estas otras cosas. Si las vidas negras son importantes (y por cierto, lo son), entonces, el amor de toda clase tiene que ser amor. Otros toman un martillo con un plan diferente. Sabiendo que la Biblia rechaza algunas cuestiones subyacentes a este credo moderno, empuñan el martillo para derribar el cartel. Tal vez no de manera literal, pero sí en su mente y su corazón. Si estas ideas aparecen juntas, entonces todas deben estar equivocadas.

Este libro ofrece un tercer enfoque. Al tomar un marcador en lugar de un mazo, considerará cinco afirmaciones contemporáneas: «Black Lives Matter» [Las vidas negras son importantes], «El movimiento de los derechos homosexuales es el nuevo movimiento de derechos civiles», «El amor es amor», «Los derechos de la mujer son derechos humanos» y «Las mujeres transgénero son mujeres». Al examinar cada una de estas declaraciones a través de la lente de la Escritura y a la luz de la cultura, apuntaremos a desenmarañar ideas que los cristianos pueden y deben afirmar de las ideas que los cristianos no pueden y no deben adoptar. Pero para usar bien este marcador, debemos ponernos de rodillas.

Primero, debemos reconocer que la maraña de ideas en el credo secular no solo fue provocada por el pecado en el mundo ahí afuera, sino también por el pecado en la iglesia aquí adentro. Debemos caer de rodillas y arrepentirnos. El fracaso frecuente de los cristianos a la hora de poner en práctica los ideales bíblicos de comunión interracial, de valorar a hombres y mujeres por igual, recibir con brazos abiertos a los marginados, amar a aquellos que tienen un deseo insatisfecho y cuidar a los más despreciados, ha permitido que esta mezcla de ideas se fusione bajo la bandera de la diversidad. Pero con la cabeza inclinada a tierra, veremos que el mismo suelo en el que está clavado el cartel es inconfundiblemente cristiano. Si sacas el suelo cristiano, no encontrarás una roca secular sólida. Hallarás un cenote.

Para nuestros oídos occidentales del siglo XXI, el amor que supera límites y diferencias culturales, la igualdad entre hombres y mujeres, y la idea de que los pobres, los oprimidos y los marginados pueden reclamarles algo a los fuertes, los ricos y los poderosos suena a un sentido común y una moralidad básicos. Sin embargo, no es así. Estas verdades vienen del cristianismo. Si sacamos ese fundamento, no descubriremos una mejor base para la igualdad y los derechos humanos. Descubriremos un abismo que ni siquiera puede decir qué es un ser humano. Al igual que los personajes de dibujos animados que salen corriendo por un precipicio, tal vez podamos seguir avanzando un poquito antes de darnos cuenta de que el suelo desapareció debajo de nuestros pies. Pero desapareció. Sin las creencias cristianas sobre la humanidad, las declaraciones en el cartel del jardín no valen más que el cartón sobre el cual están escritas.

Así que, cuando pasamos junto a estos carteles, les digo a mis hijos que en casa creemos que las vidas negras son importantes porque son importantes para Jesús. No creemos que el amor es amor sino que Dios es amor, y que Él nos permite vislumbrar Su amor a través de distintas clases de relaciones. Creemos que los derechos de la mujer son derechos humanos porque Dios nos hizo, hombres y mujeres, a Su imagen; y por esa misma razón, creemos que los bebés en el vientre también tienen derechos. Creemos que Dios tiene un interés especial en las madres solteras, los huérfanos y los inmigrantes, porque la Escritura nos lo dice una y otra vez. Y creemos que la diversidad sí nos fortalece, porque Jesús llama a personas de toda tribu, lengua y nación a adorarlo como un solo cuerpo.

A medida que transites este libro, espero que te sientas tanto humillado como empoderado. Si eres un seguidor de Jesús, espero que estés listo para unirte al grito de guerra de amor al final. Si todavía no sigues a Jesús, o si no imaginas que alguna vez podrías desear hacerlo, espero que veas que el suelo moral donde estás parado es más cristiano de lo que creías. Y espero que empieces a preguntarte si aquel judío pobre y de tez oscura del primer siglo, conocido como Jesús de Nazaret —que vivió como miembro de un grupo étnico oprimido y murió a manos de un régimen imperial— podría ser verdaderamente el Salvador del mundo, aquel que nos mostró qué es el amor al entregar Su vida por nosotros (1 Jn. 3:16).

1

«BLACK LIVES MATTER»

En Alabama en 1985, un hombre negro llamado Anthony Ray Hinton fue sentenciado a muerte por un homicidio doble. La condena se apoyó en un informe incorrecto de balística, pero el fiscal creía que, con tan solo mirar a Hinton, era evidente que era culpable. La historia de Hinton se cuenta en el superventas de Bryan Stevenson, *Cuestión de justicia* (2014).[1] En sus décadas de representar a clientes pobres condenados a muerte, Stevenson y sus colegas en la Equal Justice Initiative [Iniciativa de Justicia Equitativa] han ganado revocaciones, mitigaciones y liberaciones para más de 115 personas condenadas. Muchos fueron condenados porque oficiales, abogados y miembros del jurado blancos pensaban que era evidente que estas personas eran culpables con tan solo mirarlas.

En junio de 2020, miré la película basada en el libro de Stevenson, mientras las protestas por el movimiento Black Lives Matter [Las vidas negras son importantes] se multiplicaban. George Floyd había sido asfixiado lentamente hasta morir bajo la rodilla de un policía

---

1. Bryan Stevenson, *Cuestión de justicia: Una historia de justicia y redención* (Madrid: Ediciones Península, 2020).

blanco. Ahmaud Arbery había sido perseguido y baleado hasta la muerte por justicieros blancos que espetaban insultos raciales, los cuales al principio no fueron arrestados por su crimen. A Breonna Taylor le habían disparado en su casa unos oficiales de policía que hicieron una redada en la casa incorrecta. El libro de Stevenson ya era un superventas. Pero las historias que contaba despertaron algo nuevo en mí. Como muchos otros, fui movida a las lágrimas mientras ejecutaban a un anciano negro, cuya mente había quedado arruinada por la guerra, y se escuchaba a todo volumen la canción que había pedido, «En el monte Calvario», en el sistema de sonido de la prisión. Historia tras historia me rompieron el corazón. Persona tras persona tratadas como si el color de su piel las transformara en criminales, como si sus vidas no fueran importantes. Es más, estas cosas habían pasado en mi época y en un estado que había salido primero en Estados Unidos por su religiosidad general.[2]

Como emigrante cristiana blanca en Estados Unidos, aprender sobre la historia de las relaciones entre razas me ha decepcionado. La mancha sangrienta del racismo que ha ensuciado las iglesias blancas durante siglos sigue destiñendo el testimonio cristiano hoy. Entiendo por qué muchos de mis amigos ven los carteles de «Black Lives Matter» en parte como una protesta anticristiana. Pero, mientras que *Cuestión de justicia* cuenta historias escalofriantes de opresión negra, también nos permite vislumbrar la fe negra; en particular, la fe del mismo Stevenson, cuya esperanza profunda en Cristo impulsó su búsqueda de justicia.[3] En los últimos minutos de la película, vemos una

2.   Según una encuesta de 2016, el 51% de las personas en Alabama asiste a la iglesia al menos una vez por semana, y el 82% cree en Dios con seguridad, https://www.pewresearch.org/fact-tank/2016/02/29/how-religious-is-your-state/?state=alabama.

3.   Stevenson habla de su fe en el artículo de Dominique Dubois Gilliard, *«Bryan Stevenson Wants to Liberate People from the Lie That Their Life Doesn't Matter»* [Bryan Stevenson quiere liberar a las personas de la mentira de que sus vidas no son importantes], *Christianity Today*, 10 de enero de 2020, https://www.christianitytoday.com/ct/2020/january-web-only/just-mercy-film-bryan-stevenson.html. Observa también este diálogo con Tim Keller: *«Grace, Justice and Mercy: An Evening with Bryan Stevenson & Rev. Tim Keller Q&A»* [Gracia, justicia y misericordia: Una tarde con Bryan Stevenson y el reverendo Tim Keller] https://www.youtube.com/watch?v=32CHZiVFmB4.

grabación del Hinton de la vida real, saliendo en libertad después de 30 años como condenado a muerte, y escuchamos a su hermana que lo abraza con lágrimas de alegría y exclama, entre sollozos, las últimas palabras del filme: «¡Gracias, Jesús! ¡Gracias, Señor!».

El tema principal de este capítulo es cómo los cristianos deberían abordar la declaración: «Las vidas negras son importantes». Cada uno tiene una sensibilidad diferente. Para muchos cristianos negros, esta parece ser una verdad absolutamente evidente y lógica: una afirmación que están cansados de tener que hacer, palabras que expresan siglos de enojo, temor y dolor. Para algunos cristianos, es más bien un grito de batalla: una manera de protestar por la justicia racial de la cual son plenamente conscientes. Para otros, esto parece un ataque: una acusación de racismo que resulta injustificada e injusta. Y para algunos, tiene que ver con el inicio de un plan oculto progresivo: un lobo disfrazado de cordero que es necesario dejar en evidencia.

En este capítulo, escarbaremos debajo de la capa superficial de la afirmación «las vidas negras son importantes». Veremos que, lejos de ser el enemigo del amor que atraviesa las diferencias raciales, el cristianismo es su fundamento principal y duradero. Veremos que Dios creó a los seres humanos de todas las razas por igual, y que el pueblo de pacto de Dios incluyó personas de piel oscura desde el principio. Veremos que Jesús rompió todas las barreras raciales y culturales de Su época y mandó a Sus seguidores que hicieran discípulos a todas las naciones. Conoceremos a los primeros creyentes africanos, que seguían a Jesús siglos antes de que el evangelio llegara a América, y veremos que, hoy en día, el cristianismo es el sistema de creencias más diverso del mundo en cuanto a lo racial, cultural y geográfico. Por último, veremos que la razón por la que creemos en el amor que supera las diferencias raciales es Jesús, nos demos cuenta o no.

EN EL PRINCIPIO

En 1776, la Declaración de la Independencia de Estados Unidos proclamó: «Sostenemos como evidentes estas verdades: que todos los hombres son creados iguales». Sin embargo, la igualdad humana no es evidente en absoluto. El historiador israelita Yuval Noah Harari explica:

> Los estadounidenses tomaron la idea de la igualdad del cristianismo, el cual argumenta que toda persona tiene un alma divinamente creada, y que todas las almas son iguales ante Dios. Sin embargo, si no creemos los mitos cristianos sobre Dios, la creación y las almas, ¿qué significa que todas las personas son «iguales»?[4]

El primer capítulo de la Biblia establece que Dios hizo a los seres humanos *a Su imagen* (Gén. 1:26). Si esto no es cierto, entonces la igualdad y los derechos no tienen dónde apoyarse. Al escribir como ateo, Harari explica que «el *Homo Sapiens* no tiene derechos naturales, al igual que las arañas, las hienas y los chimpancés tampoco tienen derechos naturales».[5]

No debemos ser ingenuos respecto al pasado. La dolorosa realidad es que los padres fundadores excluyeron a los africanos esclavizados de su visión de igualdad humana. Pero este problema no se soluciona al borrar la base para la igualdad. Es más, las formas inhumanas en que los esclavos negros eran tratados por sus dueños blancos estaban verdaderamente *mal* si los seres humanos son en realidad más que animales, si el amor que supera las diferencias raciales está *bien,* y si el *bien* y el *mal* son universales. El ateo racional no puede aferrarse a ninguna de estas cosas.

Sin embargo, si la Biblia es verdad, Dios no solo hizo nuestra alma. También hizo nuestro cuerpo. Hizo a las personas negras y a las personas blancas, a los asiáticos y los latinos, a gente de toda tribu, lengua y nación, todos igualmente *a Su imagen*. Este es el suelo sobre el cual crecen las raíces de la igualdad humana. No obstante, la Biblia no se detiene allí. Cuenta una historia que empieza con seres humanos de toda clase de etnicidad que se transforman en el pueblo

---

4. Yuval Noah Harari, *Sapiens: A Brief History of Humankind* (Nueva York: Harper, 2015), 109.
5. Harari, *Sapiens*, 111.

de Dios, y termina con personas de toda tribu, lengua y nación adorando juntas a Jesús.

UNA MULTITUD MIXTA

En Génesis 12, Dios llamó a un hombre de una ciudad ubicada en el Irak moderno. Prometió transformar a este hombre, Abraham, en una gran nación, y que, en él, «todas las familias de la tierra» serían bendecidas (Gén. 12:2-3). Esta promesa se cumple finalmente en Cristo: el descendiente de Abraham que abriría las compuertas de la bendición de Dios para abarcar a personas de todas las naciones de la tierra. Pero aun desde el principio, Dios entretejió distintas etnias en Su pueblo de pacto.

Jacob, el nieto de Abraham, tuvo doce hijos que se transformaron en las doce tribus de Israel. Pero uno de esos hijos, José, fue vendido por sus hermanos y terminó como esclavo en Egipto. José ayudó a Egipto a sobrevivir a una hambruna, salvó a su familia y se casó con una egipcia, Asenat (Gén. 41:45). Juntos, tuvieron a Efraín y Manasés. Jacob bendijo a estos muchachos y profetizó que crecerían hasta formar una multitud (Gén. 48). Como lo expresa un erudito del Nuevo Testamento, Esau McCaulley: «La sangre africana fluye *hacia* Israel desde el principio, como un cumplimiento de la promesa hecha a Abraham, Isaac y Jacob».[6]

Durante 400 años en Egipto, los israelitas pasaron de ser inmigrantes honrados a esclavos. Dios envió a Moisés a rescatarlos. Moisés se casó con Séfora, una mujer de Madián (Arabia Saudita en la actualidad), y tuvo hijos con ella. Cuando condujo a los israelitas a salir de Egipto, se unió a ellos «una multitud mixta», que probablemente incluía a egipcios que habían visto a Dios actuar y decidieron unirse a Su pueblo (Ex. 12:38, LBLA). Después del éxodo (quizás después de la muerte de Séfora), Moisés se

---

6. Esau McCaulley, *Reading While Black: African American Biblical Interpretation as an Exercise in Hope* (Downers Grove, IL: IVP Academic, 2020), 102.

casó con una cusita; en términos actuales, una etíope (Núm. 12:1).
Siglos de arte occidental han representado al pueblo de pacto de
Dios como blanco. Pero los israelitas que vagaron por el desierto
eran del Medio Oriente y de África. A medida que se desarrolla
la historia de Dios, vemos como se van entretejiendo incluso más
etnias.

EL ADN DE JESÚS

Gracias a un documento transmitido en la familia de mi esposo,
sabemos que uno de sus ancestros era cheroqui. Se llamaba Eliza, y
nombramos a nuestra segunda hija en su honor. En la cultura occidental moderna, pocos se preocupan por rastrear su linaje más que
un par de generaciones. Pero cuando Jesús nació, las genealogías se
valoraban muchísimo.

La genealogía que Mateo hace de Jesús resalta en particular a las
mujeres no israelitas de Su ascendencia, como Rahab, la prostituta
cananea que creyó que el Dios de los israelitas era realmente «Dios
de dioses tanto en el cielo como en la tierra» (Jos. 2:11; Mat. 1:5), y
Rut la moabita, cuya historia generó todo un libro del Antiguo Testamento. En el relato de Mateo de la historia de Israel, vemos que la
inclusión de personas no israelitas en los propósitos de Dios no fue
una ocurrencia tardía. Se las incluyó en el linaje real.

El ADN de Jesús estuvo formado por Rahab y por Rut. Él
tenía sangre no israelita en Sus venas. Y cuando predicaba, se hacía
evidente.

EL ESCÁNDALO DEL PRIMER SERMÓN DE JESÚS

El primer sermón de Jesús en Su pueblo natal encendió un fuego
de justicia que nunca se apagó. Empezó leyendo del profeta Isaías:

El Espíritu del Señor está sobre mí,
por cuanto me ha ungido

para anunciar buenas nuevas a los pobres.
Me ha enviado a proclamar libertad a los cautivos
y dar vista a los ciegos,
a poner en libertad a los oprimidos,
a pregonar el año del favor del Señor. (Luc. 4:18-19)

Jesús declaró que había cumplido estas palabras. Representan un texto del Nuevo Testamento entre muchos que hacen hincapié en el deseo de Dios de justicia para los pobres, los oprimidos y los encarcelados injustamente. Al principio, la respuesta de la audiencia judía de Jesús fue buena. Como vivían bajo opresión de los romanos, anhelaban un Mesías que los librara y los afirmara políticamente. ¡Quizás Jesús era su tan esperado defensor! Pero también querían pruebas de que Jesús cumpliría lo que decía. Después de todo, lo habían visto crecer.

No obstante, en vez de hacer un milagro o celebrar la historia judía, Jesús empezó a exponer cómo Dios siempre se interesó por los gentiles (Luc. 4:25-27). Los compatriotas de Jesús estaban tan furiosos que intentaron matarlo (Luc. 4:28-30). Su mensaje multiétnico era lo último que querían escuchar. Sin embargo, esto no desanimó a Jesús. Todo lo contrario.

EL ESCÁNDALO DEL BUEN SAMARITANO

Cuando tenía 18 años, pasé un verano trabajando en Manhattan. Una tarde calurosa, me dirigía a cenar en el departamento de una amiga y compré una sandía para el postre. Cuando mi amiga abrió la puerta, vi que tenía una expresión incómoda. Me dijo que nunca había comido sandía. «¿Por qué no? —pregunté—. ¡Son deliciosas!». Con amabilidad, mi amiga me explicó la larga historia de cómo la gente asocia a los afroamericanos con la sandía. Como mujer negra, siempre había evitado esa fruta. Yo había crecido en Inglaterra. No tenía la menor idea.

Cuando entramos a las páginas de la Escritura, todos somos inmigrantes. Hay cuestiones que no captaremos de manera instintiva; entre ellas, temas de origen étnico. Escuchamos «samaritano» y pensamos: *¡Qué bueno!* Pero para los judíos de la época de Jesús, los samaritanos eran personas despreciadas desde el punto de vista racial y religioso. No sentimos la conmoción de la famosa historia de Jesús sobre el buen samaritano. Pero Su audiencia sí la sintió.

Un experto de la ley le preguntó a Jesús: «¿qué tengo que hacer para heredar la vida eterna?». En respuesta, Jesús preguntó: «¿Qué está escrito en la ley?». El abogado respondió: «Ama al Señor tu Dios con todo tu corazón, con todo tu ser, con todas tus fuerzas y con toda tu mente, y: Ama a tu prójimo como a ti mismo». Jesús estaba de acuerdo. Pero después, el abogado preguntó: «¿Y quién es mi prójimo?». Jesús respondió entonces con una historia en la cual a un hombre, probablemente judío, lo atacan y le roban, dejándolo por muerto camino de Jerusalén a Jericó. Dos líderes religiosos pasan junto a él antes de que un samaritano lo rescate. Jesús le preguntó al experto en la ley cuál de los hombres que se acercó fue el prójimo de la víctima. El abogado, que se negaba a reconocer: «el samaritano», respondió: «El que se compadeció de él» (Luc. 10:25-37).

Cuando leemos esta historia, oímos un llamado a asistir a extraños que pasan necesidad. Pero la audiencia original de Jesús escuchó mucho más. Escuchó una historia de amor que supera las diferencias raciales, religiosas y políticas, en la cual el héroe moral era su enemigo declarado. Esta historia no es tan solo un llamado a amar. Es un llamado a amar a través de las barreras raciales, culturales e ideológicas que se construyeron a través de las generaciones. Es un llamado a amar a aquellos que nos enseñaron a odiar. Es un llamado que tendría que haber hecho que la segregación en Estados Unidos y el *apartheid* en Sudáfrica fueran imposibles.

Lucas no nos dice cómo reaccionó la multitud a la historia de Jesús. Pero si comparamos las divisiones raciales y políticas de Su época con las de la nuestra, tal vez podamos imaginar lo que habrán dicho. «Está muy bien que Jesús cuente esta historia idealista sobre un *buen* samaritano, pero ¿qué pasa con todos los *malos* samaritanos? ¿No han escuchado cómo está el índice de criminalidad en Samaria?

¿Y todos los embarazos adolescentes? No tendría ningún problema con los samaritanos si realmente *fueran* buenos».

Si somos sinceros, todos tenemos grupos que nos gustaría descartar. Los republicanos de toda la vida saben que los demócratas son inmorales. Los demócratas empedernidos saben lo mismo sobre los republicanos. El fiscal blanco se dio cuenta de que Hinton era culpable con tan solo mirarlo. Lo mismo se podía decir de los judíos sobre los samaritanos. Cuando mis amigos no cristianos se enteran de otro pastor conocido atrapado en un escándalo sexual, no se sorprenden: saben que los cristianos son unos hipócritas. Cuando nos enteramos de la violencia contra alguien de un grupo del cual sospechamos, buscamos evidencia de que se lo merecía. Cuando vemos violencia de parte de un grupo en el cual confiamos, buscamos evidencia de que estuvo justificada. Pero Jesús destruye nuestra mentalidad de «nosotros y ellos», no solo a través de la historia sobre un buen samaritano, sino también con una conversación asombrosa con una de las malas.

EL ESCÁNDALO DE LA SAMARITANA MALA

En Juan 4, Jesús se sentó junto a un pozo, mientras Sus discípulos iban a comprar comida. Una mujer samaritana se acercó a sacar agua. Jesús le pidió que le diera de beber. Aquí había dos problemas. Primero, la mujer era samaritana, y los judíos no interactuaban con los samaritanos. Segundo, un rabino judío respetable no debía hablar a solas con una mujer. Ella se quedó escandalizada. «¿Cómo se te ocurre pedirme agua, si tú eres judío y yo soy samaritana?». Pero, a medida que la historia se desarrolla, descubrimos que hay otro problema. Esta mujer había tenido cinco esposos, y ahora vivía con un hombre con el cual no estaba casada. Según las normas judías de la época, esta mujer era de lo peor que había. Pero ¿qué más se podía esperar? Después de todo, era samaritana. Jesús tendría que haberse dado cuenta de que era culpable con tan solo mirarla. Sin embargo, a medida que la conversación progresa, descubrimos que sí se dio cuenta (Juan 4:4-26).

El diálogo de Jesús con esta mujer pecaminosa de un grupo racial y religioso aborrecido es la conversación privada más larga que tuvo con *cualquiera* en los Evangelios. Además, ella es la primera persona en el Evangelio de Juan a la cual Jesús le reveló Su identidad como el Mesías. Cuando los discípulos regresaron, ella volvió a su pueblo a contarles a los demás samaritanos sobre Él. Muchos creyeron en Jesús gracias a su testimonio (Juan 4:39). Jesús sabía exactamente lo que estaba haciendo cuando le pidió de beber a esta mujer. Estaba reclutando a la última persona a la que incluso los samaritanos habrían escuchado, confiando en ella para que fuera Su mensajera. Así como transformó al buen samaritano ficticio en un héroe moral, hizo que esta mala samaritana se volviera una misionera.

Jesús derribó las barreras raciales y culturales de Su época y bailó sobre los escombros.

HACER DISCÍPULOS DE TODAS LAS NACIONES

El ministerio público de Jesús se concentró principalmente en Sus compatriotas judíos. Pero una y otra vez, elogió la fe de aquellos que estaban fuera del rebaño judío. Alabó la fe de un centurión romano (Mat. 8:5-13) y una mujer cananea (Mat. 15:21-28). Cuando sanó a diez leprosos, el único que volvió a agradecerle era un samaritano, cuya fe Jesús elogió (Luc. 17:11-19). Y después de Su resurrección, Jesús declaró: «Se me ha dado toda autoridad en el cielo y en la tierra», y les dijo a Sus seguidores: «Por tanto, vayan y hagan discípulos de todas las naciones» (Mat. 28:18-19).

Jesús era Aquel mediante el cual todas las cosas fueron creadas (Juan 1:3). Él creó cada grupo étnico, y llama a personas de toda tribu, lengua y nación a acudir a Él. Siglos de colonialismo han hecho que muchos crean que los primeros cristianos negros surgieron cuando los misioneros europeos fueron a África. Pero si leemos la Biblia, descubrimos a personas negras que se acercaron a Cristo desde el primer momento de la iglesia.

LOS PRIMEROS CRISTIANOS NEGROS

Cuando el Espíritu fue derramado en Pentecostés, los apóstoles predicaron a personas «de todas las naciones de la tierra», incluida gente de lo que hoy es Irán, Irak, Turquía, Egipto y Libia (Hech. 2:5-11). Tres mil personas se volvieron a Cristo. Este fue el nacimiento de la iglesia. Aquel día, habitantes del Medio Oriente, africanos y europeos empezaron a adorar juntos a Jesús. Lucas nos dice cómo fue esto. Estos primeros cristianos se dedicaban a las enseñanzas de los apóstoles, a la comunión fraternal, a partir el pan y a la oración. Vendían sus posesiones y compartían el dinero con cualquiera que tuviera necesidad. Adoraban y comían juntos por las casas (Hech. 2:42-47). Esto iba más allá de reunirse en la misma iglesia el domingo. Era una vida juntos. Sin embargo, la Biblia no hace tan solo un paneo de la multitud multiétnica. También hace zum en los individuos.

En Hechos 8, un ángel del Señor envía a Felipe hasta un etíope sumamente educado, que está sentado en su carruaje leyendo Isaías 53. Este pasaje socava todo estereotipo moderno. Dentro del marco que intentaba justificar la esclavitud y la segregación en América, a los negros se los pintaba constantemente como inferiores en el ámbito moral, espiritual e intelectual. Pero este relato del primer cristiano negro conocido destruye esas ideas. En un mundo en el cual pocos estaban alfabetizados, este hombre está leyendo la Palabra de Dios cuando Felipe lo encuentra. Con una humildad similar a su erudición, el etíope recibe a Felipe con entusiasmo. Felipe empieza con la descripción del Siervo Sufriente en Isaías 53, y le anuncia «las buenas nuevas acerca de Jesús» (Hech. 8:35). Apenas encuentran agua, este hombre pide que lo bauticen (Hech. 8:36). Su entusiasmo salta de la página.

Lucas incluye tres detalles sobre el etíope, además de su origen étnico. Primero, Lucas nos dice que era un eunuco. Segundo, era un oficial de la corte de Candace, reina de los etíopes, y el responsable de todo su tesoro. Tercero, había ido a Jerusalén a adorar (Hech. 8:27). Este hombre era tanto honrado como marginado. Tenía una posición de gran autoridad y confianza. Pero también era un eunuco al cual habían castrado de niño, y probablemente era, a fin de cuentas, un esclavo. Ya adoraba a Dios, pero todavía no había conocido a Jesús. Si leemos Isaías 53 en contexto, descubrimos que es el punto de entrada perfecto para este hombre. Vemos al Siervo Sufriente de Dios, traspasado por nuestras transgresiones, despreciado y rechazado por los hombres, que triunfa a través del dolor. Y a medida que la profecía de Isaías continúa, vemos promesas específicas a extranjeros y eunucos que confían en el Señor.[7]

En Hechos 8, no solo vemos a un cristiano negro individual, cuya vida le importaba tanto a Dios que Su ángel envió un apóstol para ayudarlo con su estudio bíblico. También vemos la continuidad entre el Antiguo y el Nuevo Testamento, a medida que las promesas de Dios para los extranjeros que confían en Él se van materializando. Vemos esperanza para aquellos cuyos cuerpos han sido ultrajados y para los que no pueden tener hijos. Y vemos a un hombre negro que sigue su camino con gozo porque tiene nueva vida en Jesucristo (Hech. 8:39).

EL LATIDO MULTIÉTNICO DEL NUEVO TESTAMENTO

A medida que se desarrolla la historia de la iglesia incipiente, escuchamos el latido multiétnico de su corazón. La iglesia florece desde sus raíces judías e incluye cada vez a más gentiles. A los seguidores de Jesús se los llamó «cristianos» por primera vez en Antioquía, las ruinas que hoy día yacen en Turquía (Hech. 11:26). Como todos somos inmigrantes en el texto, nos cuesta ver las paredes raciales y étnicas que se estaban demoliendo con la bola de demolición del evangelio. Pero eso era lo que sucedía. Pablo escribió a los primeros cristianos

---

7. «El extranjero que por su propia voluntad se ha unido al Señor no debe decir: "El Señor me excluirá de su pueblo". Tampoco debe decir el eunuco: "No soy más que un árbol seco". Porque así dice el Señor: "A los eunucos que observen mis sábados, que elijan lo que me agrada y sean fieles a mi pacto, les concederé ver grabado su nombre dentro de mi templo y de mi ciudad; ¡eso les será mejor que tener hijos e hijas! También les daré un nombre eterno que jamás será borrado"» (Isa. 56:3-5).

en Turquía: «[esta es] una renovación en la cual no hay distinción entre griego y judío, circunciso e incircunciso, bárbaro, escita, esclavo o libre, sino que Cristo es todo, y en todos» (Col. 3:11).

La división entre judíos y gentiles estaba profundamente arraigada en la conciencia judía, y Pablo la aborda de dos maneras: judíos frente a griegos, y circuncisos frente a incircuncisos. También derriba la división entre esclavos y libres en una cultura que suponía que la esclavitud era algo normal, y en donde al menos una de cada tres personas era esclava. A diferencia de la esclavitud en América, la esclavitud del primer siglo no estaba basada en la raza, así que este no era un comentario sobre origen étnico. Sin embargo, Pablo también se refiere a las divisiones raciales y culturales cuando menciona a los bárbaros y los escitas. Estos términos prácticamente carecen de significado para nosotros. No encendemos las noticias y escuchamos sobre inmigrantes bárbaros o refugiados escitas. Pero si estuviera escribiendo a Estados Unidos hoy, Pablo tal vez diría sobre la iglesia: «Aquí no hay negro americano ni blanco americano, asiático americano ni latinoamericano; no hay rico ni pobre; no hay inmigrante ni nativo; sino que Cristo es todo, y en todos». El amor que supera las diferencias raciales no es tan solo un ideal moderno y progresista. Empezó como un ideal bíblico. El amor interracial es parte de nuestra herencia en Cristo.

Cuando nos negamos a tener una comunión que supere diferencias raciales y culturales, estamos despedazando el hermoso cuerpo de Cristo.

UNA MULTITUD TAN GRANDE QUE NADIE PODÍA CONTARLA

En la última escena de la Biblia, Juan es testigo de la reunión multirracial, multiétnica y multicultural más grande jamás vista:

> Después de esto miré, y apareció una multitud tomada de todas las naciones, tribus, pueblos y lenguas; era tan grande que nadie podía contarla. Estaban de pie delante del trono y del Cordero, vestidos de túnicas

blancas y con ramas de palma en la mano. Gritaban a gran voz: «¡La salvación viene de nuestro Dios, que está sentado en el trono, y del Cordero!». (Apoc. 7:9-10)

En Pentecostés, el Espíritu inspiró a los apóstoles a hablar en distintas lenguas, así que todos escucharon el mensaje en su idioma natal. El cristianismo no solo es multiétnico. También es multicultural, y deberíamos esperar que los cristianos hablen distintas lenguas, canten distintas canciones, coman distintos alimentos, usen distintas ropas y aporten distintas perspectivas a la Palabra universal y atemporal de Dios. Al mismo tiempo, debemos buscar incansablemente el amor y la comunión que traspasan las barreras raciales y culturales; no porque los progresistas lo digan, sino porque Jesús nos llama a ser un solo cuerpo de personas con razas, cultura e idiomas diferentes. Adorar juntos a Jesús es nuestro destino. Pero también se está transformando en nuestra realidad.

Hoy, el cristianismo es el sistema de creencias más grande y diverso del mundo, con una cantidad aproximadamente igual de cristianos en Europa, Norteamérica, Sudamérica y África,[8] y con una iglesia que crece rápidamente en China, la cual se espera sobrepase a la iglesia en Estados Unidos para 2030, y que podría incluir a la mitad de la población china para 2060.[9] En ese momento, el 40% de los cristianos del mundo vivirían en África subsahariana. Si los expertos tienen razón, estaré viva para ver cómo los cristianos negros se transforman en el grupo racial más grande dentro de la iglesia global.

8. Ver «*The Future of World Religions: Population Growth Projections, 2010–2050*», Pew Research Center, 2 de abril de 2015, 2050, y «*Projected Change in Global Population, 2015–2060*», Pew Research Center, 31 de marzo de 2017, http://www.pewforum .org/2017/04/05/the-changing-global-religiouslandscape/pf_17-04-05_projectionsupdate _changepopulation640px.

9. Ver la encuesta religiosa global del Pew Research Center, 2010, citada por Eleanor Albert, «*Christianity in China*», Council on Foreign Relations, 9 de marzo de 2018, https://www.cfr .org/backgrounder/christianity-china. Ver también «*Prison Sentence for Pastor Shows China Feels Threatened by Spread of Christianity, Experts Say*», TIME, 2 de enero de 2020, https:// time.com/5757591/wang-yi-prison-sentence-china-christianity.

Los progresistas blancos que desechan el cristianismo porque lo asocian con el racismo blanco no están escuchando a los creyentes negros de todo el mundo. Además, no están escuchando a las personas negras en Estados Unidos, las cuales tienen un 10% más de probabilidad que sus pares blancos de identificarse como cristianas, y que salen más alto en las encuestas en todas las medidas de compromiso cristiano, desde la asistencia a la iglesia hasta la lectura de la Biblia y las creencias evangélicas centrales.[10] Tanto en forma global como en Estados Unidos, las mujeres negras son las cristianas más típicas. Como escribe el profesor de abogacía de Yale, Stephen L. Carter: «Cuando te burlas de los cristianos, no te estás burlando de aquellos que crees».[11]

Estos hechos no justifican ni por un momento la historia de cristianos blancos que trataron a las personas negras como si sus vidas no fueran importantes. Examinaremos ese problema con mayor profundidad en el capítulo 3. Pero desestimar el cristianismo debido al fracaso de los cristianos blancos implica silenciar las voces de los creyentes negros y actuar como si solo las voces blancas importaran a la hora de considerar a Cristo.

ESCUCHAR LAS VOCES NEGRAS

En *Reading While Black: African American Biblical Interpretation as an Excercise in Hope* [Cómo leer como negro: la interpretación bíblica afroamericana como un ejercicio de esperanza], Esau McCaulley, profesor del Nuevo Testamento y escritor invitado del *New York Times*, nos invita a escuchar a todo el coro de cristianos afroamericanos. Los progresistas seculares y los evangélicos blancos suelen considerar que

---

10. Ver, por ejemplo, David Masci, «*5 Facts about the Religious Lives of African Americans*», Pew Research Center, 7 de febrero de 2018, http://www.pewresearch.org/facttank/2018/02/07/5-facts-about-the-religious-lives-of-african-americans.

11. Stephen L. Carter, «*The Ugly Coded Critique of Chick-fil-A's Christianity*», Bloomberg, 21 de abril de 2018, https://www.bloomberg.com/opinion/articles/2018-04-21/criticism-of-christians-and-chick-fil-a-has-troubling-roots.

los escritores negros teológicamente liberales, que hacen énfasis en una justicia aquí y ahora, a expensas de lo que la Biblia enseña sobre la justicia eterna, son las voces principales de la fe negra. Esto es conveniente para ambos lados: permite que los progresistas seculares desestimen el cristianismo pleno, y demasiadas veces, permite que los evangélicos blancos desestimen las críticas de los creyentes negros. Pero en realidad, la mayoría de las iglesias negras en Estados Unidos son teológicamente evangélicas, aun si esa palabra cada vez más politizada no resulta cómoda o adecuada. Por ejemplo, el 85% de los miembros de iglesias históricamente negras consideran que la Biblia es la Palabra de Dios, frente a solo un 62% de los cristianos tradicionales.[12] Mientras tanto, el 82% de los cristianos en iglesias históricamente negras creen en la realidad del infierno: el mismo porcentaje que existe entre aquellos que se identifican como evangélicos.[13] Para escuchar las voces negras, las personas de todos los ámbitos deben tener en cuenta la postura centrada en el evangelio y de convicción en la Biblia que sostienen la mayoría de las iglesias negras.

Escuchar será igual de incómodo para el cristiano blanco conservador que para el progresista secular. McCaulley, que también es un cristiano que cree en la Biblia, explica:

Para el creyente afroamericano, es difícil mirar en lo profundo de la historia del cristianismo y no sentirse hondamente sacudido. En tanto que surge en respuesta al maltrato histórico de los afroamericanos a manos de la iglesia, la protesta secular negra contra la religión es uno de los desarrollos más comprensibles de la historia de Occidente. Si están equivocados (y lo están), es una equivocación que nace de un dolor considerable.[14]

12. Ver Jeff Diamant, «*Blacks more likely than others in U.S. to read the Bible regularly, see it as God's word*» Pew Research Center, 16 de diciembre de 2020, https://www.pewresearch.org/fact-tank/2018/05/07/blacks-more-likely-than-others-in-u-s-to-read-the-bible-regularly-see-it-as-gods-word, basado en datos de la encuesta de 2014 de Pew Forum.
13. Ver Caryle Murphy, «*Most Americans believe in heaven... and hell*», Pew Research Center, 10 de noviembre de 2015, https://www.pewresearch.org/fact-tank/2015/11/10/most-americans-believe-in-heaven-and-hell.
14. McCaulley, *Reading While Black*, 135.

Como evangélica blanca, me resultaría fácil restarle importancia a este dolor. El pecado crónico del racismo cristiano blanco deshonra el nombre de Cristo. El lento holocausto de vidas negras a través de los siglos es difícil de enfrentar. Hacer una pausa aquí es incómodo. Pero Jesús no nos llama a la comodidad. Nos llama al arrepentimiento y la fe. Y cuando hacemos una pausa, nos damos cuenta de que las voces más fuertes de protesta *contra* el racismo cristiano blanco han provenido de otros cristianos. Mientras que muchos cristianos blancos fueron cómplices de una esclavitud basada en la raza, McCaulley nos recuerda que «el movimiento generalizado para abolir la esclavitud [fue] una innovación cristiana»,[15] que «la conversión de los negros a Cristo empezó a gran escala durante el gran avivamiento de mediados del siglo XVIII»,[16] y que «los primeros cristianos negros combinaban una sólida afirmación de la necesidad de salvación personal con diversos niveles de acción y resistencia social»[17]

Las personas seculares celebran correctamente a los héroes de los derechos civiles, como Fannie Lou Hamer y el reverendo y doctor Martin Luther King Jr. Sin embargo, el mensaje de ellos era inexorablemente cristiano. Al igual que los profetas del Antiguo Testamento, denunciaban el pecado de aquellos que afirmaban conocer al Señor pero no vivían según Sus caminos. Llamaron a los estadounidenses a ser *más* cristianos, no menos. Hoy, los líderes negros más celebrados suelen ser progresistas. Sin embargo, no representan a la mayoría de negros estadounidenses, los cuales no son ni seculares ni teológicamente liberales.

En medio de las protestas de 2020 de Black Lives Matter, fui a dar un paseo con una amiga que está al frente de un ministerio de niños en una iglesia multiétnica. Me dijo que en los meses anteriores, había recibido mensajes de muchos amigos y conocidos (incluidas personas que no veía desde la escuela secundaria), preguntándole cómo estaba y qué podían hacer. Bromeó diciendo que, al parecer,

15. Ibíd., 142.
16. Ibíd., 169.
17. Ibíd., 175.

era la única amiga negra de mucha gente. Sin embargo, su respuesta a
cada persona bienintencionada fue la misma: «Me encantaría hablarte
sobre Jesús». Un amigo le respondió: «¿De veras piensas que esa es
la respuesta?». Ella le contestó que sí. Y tiene razón, pero no en el
sentido que a veces piensan los cristianos.

A veces, los cristianos han intentado cerrar conversaciones sobre
la justicia racial instando a las personas a «tan solo predicar el evangelio». Sugieren que la búsqueda de la justicia social es una distracción
de la misión central evangelizadora de la iglesia, y que si predicamos
el evangelio de la muerte de Jesús en nuestro lugar y la necesidad de
la salvación personal, todos los demás males se resolverán. Pero Jesús
no les dijo a Sus discípulos que tan solo predicaran el evangelio. Les
dijo que hicieran «discípulos de todas las naciones, bautizándolos en
el nombre del Padre y del Hijo y del Espíritu Santo, enseñándoles
a obedecer todo lo que les he mandado a ustedes» (Mat. 28:19-20).
Como cristiana, creo que soy salva por la muerte de Jesús en mi lugar,
la cual pagó el precio de mi pecado y restauró mi comunión con
Dios. Nada puede añadirle o quitarle algo a esto. Pero, como puse
mi confianza en Cristo, Él es mi Rey y debo caminar de acuerdo a Su
voluntad. Vivir como discípulo de Jesús incluye predicar el evangelio
(Mat. 28:19), buscar justicia para los pobres, los oprimidos y los marginados (Mat. 25:31-46), y practicar el amor que atraviesa las barreras
raciales y culturales (Luc. 10:25-37).

EL CENOTE SECULAR

Para la mayoría de los occidentales hoy, la alternativa al cristianismo
no es otra religión. A pesar de todo el interés contemporáneo en la
meditación, el yoga y lo que percibimos como una sabiduría oriental
antigua, pocos están buscando abrazar plenamente una ética hindú o
budista. La asociación del islam radical con la violencia y la opresión
de las mujeres no suele ser de gran atractivo. Y aunque las prácticas
religiosas y culturales judías son profundamente preciosas incluso para
judíos que profesan ser ateos, pocos gentiles curiosos asisten a la

sinagoga. Para un número cada vez más grande de personas en Occidente, no identificarse con ninguna religión en particular pero retener creencias sobre la igualdad humana ha parecido un lugar seguro sobre el cual aterrizar. La gente razona que, después de todo, la religión ha hecho más daño que bien, y que cuestiones como los derechos humanos universales, la justicia racial y el cuidado de los pobres son verdades evidentes en sí mismas.

Pero, tal como vimos al principio de este capítulo, si no existe un Dios que nos creó a Su imagen, entonces la igualdad humana es un mito. Los seres humanos no tienen «derechos naturales, al igual que las arañas, las hienas y los chimpancés tampoco tienen derechos naturales».[18] La ciencia no puede salvar esta situación. Tal como señala Yuval Noah Harari: «la creencia en el valor singular y los derechos de los seres humanos [...] lamentablemente tiene poco en común con el estudio científico del *Homo sapiens*».[19] Es más, si recurrimos a la evolución como nuestra *única* historia de origen e intentamos exprimir nuestra ética de su cáscara científica, tenemos (en el mejor de los casos) la idea de que uno debería sacrificarse solo por los miembros de su grupo genético. La idea de amar a aquellos cuyo origen genético yace en otro continente muere en el agua primigenia. Es más, tal como observa el psicólogo ateo Steven Pinker, si la virtud se equipara con «sacrificios que benefician al grupo de cada uno en competencia con otros grupos [...], entonces el fascismo es la ideología virtuosa por excelencia».[20]

Ninguno de estos argumentos sugiere que las personas seculares no crean en el amor que supera las diferencias raciales. Muchos sí creen. Pero se apoyan en una fe sin ancla, aferrados a una balsa de convicciones cristianas, ya sea que se den cuenta o no. En 2019, Christian Smith, profesor de Notre Dame, publicó *Atheist Overreach: What Atheism Can't Deliver* [La extralimitación del ateísmo: Lo que

---

18. Harari, *Sapiens*, III.
19. Ibíd., 253.
20. Steven Pinker, «*The False Allure of Group Selection*», Edge, 18 de junio de 2012, https://www.edge.org/conversation/steven_pinker-the-false-allure-of-group-selection.

el ateísmo no puede cumplir], donde examinó si los principales inte-
lectuales ateos de hoy proveen razones convincentes para sus convicciones morales elevadas. ¿Su conclusión? No lo hacen. Un ateo puede
creer en los derechos humanos si quiere. Puede defender la justicia
racial, ofrecerse como voluntario en un comedor público, apoyar a una
ONG que combate el hambre y donar a beneficencias que se oponen
al trata de personas. Pero no tiene ninguna base racional para decir
que *todos* deberían creer en los derechos humanos, o que el racismo
es incuestionablemente *incorrecto*. En un mundo sin Dios, la esclavitud basada en la raza puede disgustarme de la misma manera que
me disgustan las aceitunas. Pero a fin de cuentas, todo se reduce a
la preferencia personal.[21] Entonces, ¿por qué tantas personas que hoy
se identifican como ateas, agnósticas o «nones» creen en los derechos
humanos universales?

El historiador Tom Holland explica que nuestras creencias morales básicas sobre la igualdad humana provienen del cristianismo, pero
han sido reformuladas deliberadamente como seculares. A fines de
la década de 1940, mientras el mundo intentaba recuperarse de los
horrores de la Segunda Guerra Mundial, Eleanor Roosevelt reunió a
representantes de distintas naciones para establecer una declaración
universal de derechos que funcionaran en distintas culturas, incluidas
aquellas donde el cristianismo no era dominante. Así que la mentalidad cristiana se tuvo que rediseñar con términos no religiosos.
Holland observa: «Era mucho más probable que la gente adhiriera
a una doctrina como la de los derechos humanos» si sus orígenes
cristianos se podían encubrir.[22]

Este cambio de nombre funcionó tan bien que incluso los ateos
ahora sostienen ciertas creencias cristianas como verdades evidentes
en sí mismas. La creencia en que toda vida humana es valiosa, que los

---

21. Para una versión de este debate, ver Cristian Smith, *Atheist Overreach: What Atheism Can't
     Deliver* (Nueva York: Oxford University Press, 2019), 49. Como lo expresa Tim Keller: «Aun-
     que puede haber *sentimientos* morales sin Dios, no parece que puede haber *obligación* moral».
     Timothy Keller, *Making Sense of God: An Invitation to the Skeptical* (Nueva York: Viking,
     2016), 173.
22. Holland, *Dominion*, 521.

oprimidos y los marginados merecen justicia, que deberíamos amar a aquellos de una raza, cultura o país distintos a los nuestros, que incluso deberíamos amar a nuestros enemigos... todas estas creencias nos llegan de la boca de un rabino judío del primer siglo que murió en una cruz, y cuya resurrección generó el movimiento más grande de la historia a favor de la diversidad. Sin el cristianismo, la creencia en los derechos humanos, la igualdad racial y la responsabilidad de los poderosos para con los victimizados se transforma en una fe ciega. La afirmación de que las vidas negras son importantes es fundamentalmente una afirmación cristiana.

«¿ESTA ES UNA CANCIÓN DE JESÚS?»

Mis hijas asisten a una escuela pública que celebra la diversidad. Pero, a veces, cuando llegan a casa con una canción nueva, señalo que lo que acaban de aprender solía ser una canción de Jesús: «Sublime gracia» cantada en navajo, sin explicación alguna de las palabras. «Paz como un río» y «*We Shall Overcome*» [Venceremos], enseñadas sin referencia alguna a sus orígenes en el evangelio. Ahora, mis niñas me preguntan: «Mami, ¿esta es una canción de Jesús?».

A algunos cristianos blancos les preocupa que pronunciar las palabras específicas «Black Lives Matter» señale una aceptación absoluta de las visiones progresistas. Es una preocupación entendible. Como veremos en el próximo capítulo, la organización Black Lives Matter presenta la justicia racial como parte de un paquete que celebra el romance y la identidad LGBT+. Con cuidado, debemos desenmarañar estas diferencias. Aun así, muchos conservadores teológicos —entre ellos, muchos cristianos negros—, marchan con alegría bajo el cartel de «Black Lives Matter», porque estas palabras son una declaración de verdad.

Dada la historia del evangelismo blanco de no reconocer a las personas de raza negra como iguales ante Dios, afirmo con gusto que las vidas negras son importantes, a pesar de que haya una organización con ese nombre que exprese otras convicciones que no puedo aceptar.

Si hubiera una organización secular llamada «Los bebés nonatos son importantes», también diría esas palabras, aun si la organización también desplegara la bandera de arcoíris, porque los bebés nonatos son importantes. Si me preocupara que la gente creyera que afirmo todo lo que esa organización representa, sencillamente agregaría dos palabras: «Los bebés nonatos son importantes *para Jesús*».

Algunos responden que *todas* las vidas son importantes. Pero este calificativo pierde de vista lo más importante. Durante siglos, a los negros se los trató como si sus vidas *no* fueran importantes. Ese es el problema que se aborda, la verdad que debe sostenerse, así como reconoceríamos que es necesario decir que «los bebés nonatos son importantes». Pero también debemos reconocer que, desde una perspectiva consecuentemente atea, *ninguna* vida es importante. Los seres humanos no tienen derechos naturales, al igual que las arañas, las hienas y los chimpancés tampoco tienen derechos naturales. En última instancia, las vidas negras son importantes no porque los progresistas nos lo digan, sino porque el valor igual de cada ser humano, más allá de la raza, sale de las páginas de la Escritura con sonido de trompeta. Las vidas negras son lo suficientemente importantes como para que el Hijo de Dios derramara Su vida, para que hombres y mujeres negros puedan tener una vida eterna con Él. Las vidas negras son importantes porque Jesús lo dice.

Los cristianos deben trabajar en pro de la justicia por las personas históricamente aplastadas y marginadas, porque Jesús vino a traer buenas nuevas a los pobres y a liberar a los oprimidos. Los cristianos deberían ser los primeros en luchar por la justicia racial y buscar el amor que traspasa barreras raciales, no debido a ninguna presión cultural externa, sino a la presión escritural que surge desde adentro. «Black Lives Matter» es, en esencia, una canción de Jesús, y debemos cantar las canciones de nuestro Salvador, sin importar quién más las entone.

Cuando escuchamos las palabras teñidas de lágrimas de la hermana de Anthony Ray Hinton —«¡Gracias, Jesús! ¡Gracias, Señor!»—, debemos preguntar: ¿Por qué una mujer negra en un estado que tiene uno de los peores registros de justicia racial y uno de los niveles más altos de identificación cristiana le agradece a Jesús por la liberación de su hermano inocente? Porque sabe que Jesús está a favor de los pobres, los oprimidos y los que son falsamente acusados. Porque sabe que las personas negras han seguido a Jesús desde el principio. Porque sabe que las vidas negras como la de su hermano son importantes, no solo porque una organización progresista que lleva ese nombre se haya aprovechado de un momento cultural, sino porque las vidas negras son importantes para Jesús.

2

«EL AMOR ES AMOR»

«¿Qué garantía tienes de que lo que digas mañana no causará problemas?».

Estaba sentada en una cafetería en un pueblito de Missouri. Una iglesia local me había invitado a hablar sobre el género y la sexualidad, y los líderes locales del movimiento LGBT+ habían organizado una protesta. Una de ellos había tuiteado para advertir a otros sobre el evento y decía que yo no estaba capacitada para hablar de estos temas. Respondí que probablemente tenía razón y pregunté si estaría dispuesta a encontrarse a tomar un café mientras estaba allí, para poder aprender de ella. Con amabilidad, accedió y preguntó si podía llevar a su compañera. Le dije que me encantaría conocerla. Mientras hablábamos, me enteré de que estas mujeres se habían conocido en un grupo de jóvenes de una iglesia y ahora estaban criando dos hijas. Dado el alto índice de suicidios entre la juventud LGBT+, estaban preocupadas porque lo que yo podía llegar a decir quizás no sería seguro para los jóvenes vulnerables.

Cuando surgió la pregunta, escuché cómo el pecado sexual de los líderes de su iglesia las había lastimado y desilusionado, y cómo habían encontrado alegría y seguridad la una en la otra. Me cayeron bien estas mujeres. Sentí que entendía las decisiones que habían tomado. Si hubiera tenido sus experiencias, tal vez habría hecho lo mismo. Cuando conté mi historia sobre cómo me atraían románticamente las mujeres desde pequeña, pero que había decidido no actuar en consecuencia con esa atracción y me había casado con un hombre, esperé que eso les generara confianza. Sin embargo, dijeron que mi historia era dañina. No lo vi venir, y me costaba contener las lágrimas. Cuando una de ellas preguntó: «¿Qué garantía tienes de que lo que digas mañana no causará problemas?». No me quedaba nada. «No lo sé», respondí. «Jesús dijo que si alguno quiere ir en pos de Él, debe negarse a sí mismo, tomar su cruz y seguirlo. No hay garantías».

En este capítulo, volveremos nuestra atención al lema: «El amor es amor». Exploraremos por qué, por más atractivo que parezca, en realidad no es verdad: todos necesitamos distintas *clases* de amor, y la intimidad sexual y romántica es tan solo uno de los radios de la rueda que hace girar al mundo. En cambio, argumentaré que «Dios es amor» (1 Jn. 4:8) y que Él nos muestra lo que esto significa a través de distintas clases de relaciones humanas. Esto hace que el cristianismo sea una buena noticia para las personas como yo, que sienten atracción hacia personas del mismo sexo. Sin embargo, no hace que el cristianismo tenga garantías ni sea algo seguro. Sea cual sea nuestra atracción, seguir a Jesús implica negarse a uno mismo y tomar la cruz. Pero si el pueblo de Jesús verdaderamente vive en Sus caminos, hay espacio y gozo y amor de sobra para todos.

EN EL PRINCIPIO

En el capítulo 1, desenterramos la piedra angular de la igualdad humana en el primer capítulo de la Biblia. Las primeras palabras de Dios sobre la sexualidad están grabadas sobre aquella misma piedra. En Génesis 1, Dios crea a los seres humanos —hombre y mujer— *a Su imagen,* y les dice: «Sean fructíferos y multiplíquense» (Gén. 1:28). Si lo piensas, Dios podría haber hecho a los seres humanos de otra manera. Podríamos reproducirnos de manera asexual, como las amebas, o como la serpiente pitón del zoológico de St. Louis, que en julio de 2020, puso siete huevos sin una pareja. En cambio, Dios nos diseñó para que los nuevos humanos surgieran cuando un hombre y una mujer se unen. Esta es la diversidad original. La creación de una nueva vida viene a través del amor que supera esta diferencia.

En Génesis 2, nos acercamos a la relación particular entre un hombre y una mujer paradigmáticos. Después de llamar a lo que había creado «bueno» y «muy bueno» (Gén. 1:31), Dios dice que «no es bueno» que el hombre esté solo (Gén. 2:18). Entonces, hace a la mujer como la contraparte y el igual del hombre: *hueso de sus huesos y carne de su carne* (Gén. 2:23). Entonces, leemos estas palabras enigmáticas: «Por eso el hombre deja a su padre y a su madre, y se une a su mujer, y los dos se funden en un solo ser» (Gén. 2:24). Demasiado a menudo en la iglesia, actuamos como si este fuera el final de la historia bíblica en cuanto a la sexualidad. Sin embargo, es solo el principio.

A medida que seguimos leyendo, descubrimos que el matrimonio no es el objetivo de la existencia humana. No es la cima. No es el destino. Es un poste indicador.

TU HACEDOR ES TU ESPOSO

En la era anterior a los teléfonos inteligentes, necesitabas una cámara para sacar fotos. Cuando se llenaba el rollo, lo sacabas y lo llevabas a revelar. Días más tarde, ibas a buscar las fotografías impresas, y en un bolsillo adelante del paquete, estaban los negativos: unos cuadraditos en blanco y negro que, si se colocaban a la luz, revelaban el contorno de tus imágenes. Demasiado a menudo, cuando los cristianos miramos lo que la Biblia tiene para decir sobre la sexualidad, solo vemos los negativos. Vemos los límites sexuales que no podemos cruzar, y nos aferramos al pequeño matrimonio humano monocromo como si fuera lo más preciado. Pasamos por alto que, en la Biblia, este pequeño negativo se desarrolla para dar lugar a una gigantografía deslumbrante. Para ver esta visión más grande, brillante y mucho más hermosa, debemos empaparnos en un río que empieza en Génesis, atraviesa los profetas, se desborda en los Evangelios y se transforma en una inundación impresionante en Apocalipsis: el río del amor apasionado de Dios por nosotros.

El eunuco etíope que conocimos en el capítulo 1 estaba leyendo Isaías 53 cuando Felipe llegó corriendo hasta su carro. Si hubieran leído un poco más en el rollo, habrían llegado a una metáfora impactante: el matrimonio escabroso y cósmico de Dios con Su pueblo. Isaías 54 empieza con una «mujer estéril» a la cual se llama a cantar, porque «más hijos que la casada tendrá la desamparada» (Isa. 54:1). El lenguaje se va desarrollando hasta que nos damos cuenta de que Dios no está hablando solo sobre las mujeres sin hijos, viudas o abandonadas, las cuales eran muy vulnerables y, en muchos casos, motivo de vergüenza. Le está hablando a Su pueblo como un todo:

«No temas, porque no serás avergonzada.
No te turbes, porque no serás humillada.
Olvidarás la vergüenza de tu juventud,
y no recordarás más el oprobio de tu viudez.
Porque el que te hizo es tu esposo;
su nombre es el Señor Todopoderoso.
Tu Redentor es el Santo de Israel;
¡Dios de toda la tierra es su nombre!
El Señor te llamará
como a esposa abandonada; como a mujer angustiada de espíritu,
como a esposa que se casó joven tan solo para ser rechazada
—dice tu Dios—.
Te abandoné por un instante,
pero con profunda compasión volveré a unirme contigo.
Por un momento, en un arrebato de enojo,
escondí mi rostro de ti;
pero con amor eterno te tendré compasión
—dice el Señor, tu Redentor—». (Isa. 54:4-8)

Este es uno de los muchos momentos en los Profetas cuando Dios se presenta como el esposo de Israel. El libro de Oseas se construye alrededor de esta metáfora (ver Os. 2; comp. Jer. 2; 31; Ezeq. 16). Dios es un esposo fiel y lleno de amor. Israel es una esposa engañadora e imprudente. Una y otra vez, lo abandona por ídolos. Una y otra vez, Él la vuelve a buscar. Pero el matrimonio nunca parece funcionar. Las personas pecaminosas no pueden vivir con un Dios santo. Entra Jesús.

EL NOVIO

Mi segunda visita a Estados Unidos fue para celebrar la boda de una amiga. Pocos años atrás, ella había obtenido una beca para estudiar en Reino Unido, y los académicos habían sido invitados a una fiesta de bienvenida. Cuando llegó a la embajada británica, un soldado estaba protegiendo la entrada. *Ese es el hombre con el que me voy a casar*, pensó. Pero después, sacudió la cabeza. ¿Cómo lo conocería? Más tarde, observó que el mismo hombre estaba en la fiesta. No era un guardia. Era un cadete naval que tenía la misma beca. Ella no le contó esta historia hasta el día de su boda.

Pocas historias de amor en la vida real suceden de esta manera. Para la mayoría, no hay ninguna señal en el cielo. Cuando Bryan y yo estábamos de novios, él oraba pidiendo una señal de que debía proponerme casamiento. ¡No recibió ninguna! Pero cuando Jesús entró a la escena de la historia humana, hizo una declaración audaz y sobrecogedora. Dijo que era el novio.

Cuando los fariseos se quejaron de que Jesús comía y bebía con pecadores, Él respondió que los que necesitaban un médico no eran los sanos, sino los enfermos (Luc. 5:31-32). En vez de darse cuenta de que estaban enfermos, los fariseos observaron que Sus discípulos no ayunaban (Luc. 5:33). «¿Acaso pueden obligar a los invitados del novio a que ayunen mientras él está con ellos?», respondió Jesús (Luc. 5:34). Juan el Bautista habló con términos similares:

> El que tiene a la novia es el novio. Pero el amigo del novio, que está a su lado y lo escucha, se llena de alegría cuando oye la voz del novio. Esa es la alegría que me inunda. (Juan 3:29)

Jesús es el novio. Vino a reclamar a Su pueblo errante. Este rabino judío del primer siglo se pone en los zapatos del Dios todopoderoso. ¿Por qué? Porque le quedan. La cruz es el cuarto oscuro en el cual se revela la imagen. La resurrección la amplía. Pero así como cada ser humano fue hecho a imagen de Dios, aunque esté deslucida, cada matrimonio humano tiene la posibilidad de reflejar esta gran metáfora cósmica.

ESPOSOS, AMEN A SUS ESPOSAS, ASÍ COMO CRISTO AMÓ A LA IGLESIA

En mi primer año en la universidad, vivía junto a un talentoso matemático que fue criado en el hinduismo. Tuvimos muchas conversaciones sobre la fe, y él empezó a leer la Biblia. Pero cuando Dios mandó a Abraham a sacrificar a su hijo en Génesis 22, mi amigo se detuvo. ¿Qué clase de Dios haría algo semejante? Lo insté a seguir leyendo. Pocos versículos después, Dios detiene a Abraham justo antes de que sacrifique a Isaac, y le provee un carnero. Si mi amigo hubiera seguido leyendo, habría visto cómo Dios sacrificó a Su amado Hijo por nosotros. En vez de ver a un Dios cruel y despiadado, mi amigo habría visto Su amor desbordante y sacrificado. Detenerse en Génesis 22:2 es como leer las primeras palabras de una nota que dicen: «No te quiero» y romperla antes de leer el resto de la frase: «tan lejos de mí». Pero el mismo año en que le dije a mi amigo que se había detenido demasiado rápido como para ver el amor abrumador de Dios, yo cometí el mismo error. La primera vez que leí las instrucciones de Pablo para las esposas, me horrorizaron:

> Esposas, sométanse a sus propios esposos como al Señor. Porque el esposo es cabeza de su esposa, así como Cristo es cabeza y Salvador de la iglesia, la cual es su cuerpo. (Ef. 5:22-23)

Durante algún tiempo, sostuve este fragmento de la carta en mis manos, dándole vueltas una y otra vez, espantada por su fuerza misógina. Pero después, empecé a unirla a lo que seguía a continuación. «Esposos, amen a sus esposas, así como Cristo amó a la iglesia y se entregó por ella» (Ef. 5:25). ¿Cómo amó Cristo a la iglesia? Al morir por ella. Al ofrecerse, desnudo y ensangrentado, sobre una cruz romana. Al entregar todo lo que tenía para suplir sus necesidades. Al no ser servido, sino al servir y dar Su vida en rescate por nosotros. El complemento de la sumisión en la iglesia no es un dominio machista. Es el amor y el sacrificio similares a los de Cristo. Los esposos son llamados cuatro veces a amar a sus esposas (Ef. 5:25, 28, 33; Col. 3:19) y una vez a honrarlas (1 Ped. 3:7). El matrimonio cristiano es un negativo sostenido a contraluz.

A medida que Pablo continúa, vemos que el sentido del matrimonio humano *desde el principio* fue representar el amor de Dios. Pablo explica que la unión de «una sola carne» de los esposos se cumple verdaderamente en Jesús y Su iglesia:

> Así mismo el esposo debe amar a su esposa como a su propio cuerpo. El que ama a su esposa se ama a sí mismo, pues nadie ha odiado jamás a su propio cuerpo; al contrario, lo alimenta y lo cuida, así como Cristo hace con la iglesia, porque somos miembros de su cuerpo. «Por eso dejará el hombre a su padre y a su madre, y se unirá a su esposa, y los dos llegarán a ser un solo cuerpo». Esto es un misterio profundo, yo me refiero a Cristo y a la iglesia. (Ef. 5:28-32)

El matrimonio humano *en su mejor expresión* es apenas un negativo pequeño y monocromático de una gigantografía inmensa. Las esposas no deben someterse a sus esposos porque las mujeres sean peores en el liderazgo que los hombres, sino porque la iglesia se somete a Cristo. A los esposos no se les dice que se entreguen por sus esposas porque los hombres sean menos valiosos que las mujeres, sino porque Jesús entregó Su vida por nosotros. A los esposos se les dice que amen a sus esposas *como a sus propios cuerpos*, porque la iglesia es el cuerpo de Jesús en la tierra.

Este poste que señala a Cristo es la razón por la cual el matrimonio es entre un hombre y una mujer, y por la cual los esposos y las esposas son llamados a roles diferentes. Al igual que Cristo y la iglesia, es un amor que supera las diferencias. Al igual que Cristo y la iglesia, es un amor edificado sobre el sacrificio. Al igual que Cristo y la iglesia, es un amor eterno y exclusivo que une la carne y crea vida. El matrimonio fue creado para señalarnos a Cristo.

Pero también tiene que desilusionarnos.

TE MIRO A LOS OJOS Y EL CIELO ES EL LÍMITE

En el primer acto del musical *Hamilton*, Eliza recuerda haber conocido a Alexander Hamilton. Mientras su hermana «deslumbraba a toda la sala», Hamilton entró y el corazón de ella hizo «¡bum!». Cuando Eliza mira a los ojos de Hamilton, «el cielo es el límite». Se ahoga en ellos. Tal vez todos hemos sentido momentos como este. Nos quedamos sin aliento ante una conexión repentina, y nos preguntamos: *¿Sentirá lo mismo?* El amor de Eliza es correspondido: «Si hace falta pelear una guerra para que nos conozcamos —declara Hamilton—, habrá valido la pena». Enamorarse conlleva una cierta euforia. La receptividad nos resulta celestial.

Pero, a medida que se desarrolla la trama de la obra, vemos cómo titubea este romance. Hamilton le jura a Dios que nunca permitirá que Eliza se sienta desamparada. Sin embargo, lo hace. Tiene una aventura amorosa que la destroza. Incluso antes de esto, su obsesión con su trabajo deja a Eliza al margen, sedienta de su atención. Lo que parecía un paso hacia un deslumbrante nuevo mundo se transformó en un tropiezo hacia el desconsuelo. Al final de la obra, Hamilton anhela el perdón de Eliza: perdón por su terrible aventura amorosa; perdón por la muerte de su hijo; perdón por descuidarla mientras iba en pos de su amor por el trabajo. Perdón.

¿Cómo debemos interpretar esta historia de amor? ¿Estamos equivocados al creer en el éxtasis del amor? No necesariamente. Si tomamos en serio la Biblia, veremos que, cuando el amor romántico nos consume el corazón, cuando nos hace sentir indefensos, cuando nos llena de tal gozo que se transforma en lo único en lo que podemos pensar, y cuando nos aplasta con semejante crueldad que quedamos tirados en un mar de lágrimas, nos está señalando otra cosa. Nos está brindando una imagen del único amor que *puede* durar para siempre, el único romance que realmente derriba la muerte, el amor que, si lo perdemos ahora, nos devastará por la eternidad. Este amante nos invita a cada uno a acercarnos a Él.

En Apocalipsis, Juan escucha a una gran multitud proclamar: «Ya ha llegado el día de las bodas del Cordero. Su novia se ha preparado» (Apoc. 19:7), y vemos cómo el matrimonio de Jesús con Su iglesia vuelve a unir el cielo y la tierra (Apoc. 21:1-3). Este es el momento de éxtasis al cual los cristianos son llamados. A toda esta vida de amor se nos invita con ansias. Esta es la gigantografía que implica que podemos desechar el negativo. Por eso Jesús dice que, en Su nuevo mundo, no habrá matrimonio humano (Mat. 22:30). No se debe a que el matrimonio humano no sea bueno, sino a que ya habrá cumplido su propósito. Así como Jesús es el Cordero sacrificial que terminó con toda nuestra necesidad de sacrificios, también es el Novio que termina con toda nuestra necesidad de romance humano. En la comedia de televisión *The Good Place* [El lugar bueno], que se desarrolla en la vida después de la muerte, a Chidi le preocupa no poder mantener el interés de su novia Eleanor por toda la eternidad. Tiene razón. Ningún amante humano podría lograrlo. Sin embargo, esa no es nuestra tarea. Ese rol le pertenece a otro hombre.

¿Y QUÉ PASA CON LA HOMOSEXUALIDAD?

En la historia de *Hamilton*, vislumbramos el amor apasionado entre un hombre y una mujer. Pero muchos otros programas y canciones revelan la pasión del romance entre personas del mismo sexo. En una escena conmovedora en la clásica comedia británica *Cuatro bodas y un funeral*, un personaje gay llamado Matthew lee un poema de W. H. Auden en el funeral de su novio Gareth:

Él era mi Norte, mi Sur, mi Este y Oeste,
Mi semana de trabajo y mi domingo sin gente.
Mi día, mi noche, mi conversación, mi canción;
Pensé que el amor duraría por siempre: ahora sé que no.

Después de la repentina muerte de Gareth, los demás personajes principales de la película, todos solteros, se dan cuenta de que, en efecto, Gareth y Matthew habían estado casados todo ese tiempo. Esta película salió 20 años antes de que se legalizara el matrimonio gay en Inglaterra. Pero al igual que muchos filmes y canciones antes y desde entonces, representa la afirmación de que el amor es amor: de que el romance entre personas del mismo sexo puede ser igual de fiel, profundo y duradero que el heterosexual, y por lo tanto, que las parejas homosexuales deberían poder casarse. ¿Qué enseña la Biblia al respecto?

Cuando empezó a explorar el cristianismo, mi amiga Rachel les preguntó esto mismo a unas amigas lesbianas. Rachel había crecido en un hogar secular. A los quince años, se enamoró de una hermosa chica un par de años más grande. Se hicieron buenas amigas, y cuando esta muchacha le preguntó a Rachel qué quería para su cumpleaños número 16, ella pidió un beso. Esto disparó una relación sexual esporádica que duró hasta la universidad, a pesar de varias otras relaciones que convencieron a Rachel de que, en general, le gustaban más las chicas que los chicos. Cuando a Rachel la aceptaron en Yale, pareció que todos sus sueños se cumplían. Pero en el invierno de su primer año en la universidad, su novia la dejó.

En un pueblito de California, Rachel había sido una alegre atea. Esta actitud se había traducido bien a la vida estudiantil en Yale. Pero, en medio del dolor de perder a la mujer a la que amaba, Rachel escuchó sobre una conferencia acerca de Descartes, que supuestamente probaba la existencia de Dios. El argumento no le resultó convincente, pero de alguna manera, despertó su curiosidad. Siempre se había reído del cristianismo. Le parecía intelectualmente débil, y había descubierto que las cristianas lindas de su escuela secundaria eran fáciles de seducir, a pesar de sus supuestos valores morales. Sin embargo, a medida que Rachel empezó a interesarse y a buscar en internet términos religiosos, se tropezaba una y otra vez con Jesús. Le resultó sorprendentemente atractivo. No obstante, se había dado cuenta por la cultura de que los cristianos no aprobaban las relaciones homosexuales, así que le preguntó a la única pareja que conocía en Yale que se identificaba como cristiana (una pareja de lesbianas) qué pensaba al respecto.

Las amigas de Rachel le dijeron que todo era un gran malentendido: si lees la Biblia de la manera correcta, *no* rechaza el matrimonio entre personas del mismo sexo. Pero cuando Rachel leyó los pasajes que ellas presentaban como explicación, se llevó una amarga desilusión. No era ninguna erudita bíblica, pero sabía cómo leer e interpretar un libro. Se había preguntado si esta extraña religión basada en un intrigante judío del primer siglo tendría lugar para alguien como ella. Pero los «noes» de la Biblia respecto a las relaciones homosexuales eran inconfundibles. Sintió como si una puerta se hubiera entreabierto y luego se le hubiera cerrado en la cara.

Sin embargo, ella igual quiso entrar. El ofrecimiento de amor de Jesús era demasiado bueno como para rechazarlo, sea cual fuera el costo. Ahora, lee la Biblia en su original en griego y hebreo, y está haciendo un doctorado en teología. Nada de lo que ha leído en los últimos 16 años cambió la conclusión que sacó la primera vez que leyó los textos. Ahora ve la gigantografía hermosa del amor de Jesús pero las líneas marcadas en el negativo siguen ahí.[1]

Mi historia es distinta de la de Rachel. Desde que tengo memoria, soy cristiana, y siempre me atrajeron las mujeres. Cuando tenía 25 años, conocí a un cristiano comprensivo que sabía mi historia y, aun así, me amó. Cuando el matrimonio homosexual se legalizó en Estados Unidos, hacía ocho años que estábamos felizmente casados. Pero no les había contado ni siquiera a mis amigos más cercanos sobre mi experiencia constante con la atracción a personas de mi mismo sexo. Me aterraba que los llevara a querer dar un paso atrás; no con un rechazo categórico, sino con incomodidad.

---

1. Puedes leer más sobre el testimonio de Rachel en su excelente libro, *Born Again This Way: Coming Out, Coming to Faith, and What Comes Next* (Charlotte, NC: Good Book Co., 2020), 90.

Al mismo tiempo, me rompía el corazón que mis amigos no creyentes pensaran que el cristianismo estaba lleno de odio. Sin revelar mi secreto abiertamente en Facebook, expliqué por qué no había puesto un arcoíris en mi foto de perfil. Un amigo judío secular preguntó por qué los cristianos eligen entre los mandamientos bíblicos. Si no tenía problema de comer mariscos (algo que el Antiguo Testamento prohíbe), tampoco debería tener problema con las relaciones homosexuales (las cuales también se prohíben en el Antiguo Testamento). Expliqué que la ley del Antiguo Testamento no es vinculante para los cristianos porque fue cumplida en Cristo, y que, aunque el Nuevo Testamento afirma claramente que los cristianos pueden comer toda clase de alimentos, prohíbe de manera explícita el sexo homosexual. Pero, en mi corazón, quería decir que, si realmente hubiera podido elegir al explorar lo que la Biblia decía, ¡con gusto habría dejado los mariscos por casarme con una mujer!

Entonces, ¿estaba equivocada en mi lectura?

SIGUE LAS PINCELADAS

Algunos argumentan que, aun si el Nuevo Testamento parece decir *no* al sexo homosexual, si miramos la perspectiva más amplia de cómo el Nuevo Testamento se relaciona con el Antiguo, veremos que nos empuja a refrendar el matrimonio gay. Sugieren que la trayectoria escritural hacia el amor y la inclusión es como el trazo de un pincel, de manera que, incluso si el pincel ya no está sobre el lienzo, podemos ver hacia dónde se movía y seguir la pincelada. Pero si examinamos de cerca los pasajes que prohíben las relaciones homosexuales, descubriremos que ya encajan dentro de las pinceladas más grandes de la imagen bíblica.

Como ya hemos visto, en el Antiguo Testamento, la relación de Dios con Su pueblo se representa como un matrimonio, y la adoración a los dioses, como infidelidad. La idolatría equivale al adulterio. En Romanos 1:21-27, Pablo sigue con este tema, entretejiendo la idolatría con el pecado sexual, y argumentando que la inmoralidad sexual en general, y las relaciones homosexuales en particular, son una consecuencia de que la gente se aleje de Dios. Esto no significa que la experiencia de *atracción* a personas de un mismo sexo sea el resultado de rechazar a Dios. La mayoría de los cristianos luchan por momentos con atracciones que, si se satisficieran, los llevarían al pecado sexual. En este aspecto, estamos todos en el mismo barco. Pero si la unión fiel de una sola carne de un hombre y una mujer representa el matrimonio de Cristo con Su iglesia, cualquier relación sexual fuera de ese modelo representa la idolatría. Si no hay ningún límite, no hay imagen.

El «no» del Nuevo Testamento a la homosexualidad está escrito en carboncillo sobre la perspectiva amplia de la Biblia, pero todas las demás formas de inmoralidad sexual también se excluyen claramente. Cuando Pablo menciona el pecado del sexo homosexual, también habla de otras formas de pecado, sexual y no sexual. En Romanos 1:28-32, enumera la avaricia, la envidia, el homicidio, las disensiones, el engaño, la malicia, la desobediencia a los padres, la falta de comprensión, de fidelidad, de amor y de misericordia, como otros frutos que surgen al alejarse de Dios. De manera similar, en 1 Corintios 6:9-11, Pablo menciona la idolatría, el adulterio, el robo, la avaricia, la borrachera, la calumnia y la estafa junto al pecado heterosexual y homosexual. Y notablemente, en 1 Timoteo 1:10, Pablo enumera el pecado de la esclavitud junto al del sexo homosexual.

Algunos argumentan que Pablo estaba tan a favor de la esclavitud como en contra de las relaciones homosexuales, y que, como ya no lo escuchamos respecto a la esclavitud, tampoco deberíamos hacerle caso en cuanto a la homosexualidad. Pero, aunque Pablo les dio a los esclavos (que conformaban una proporción significativa en la iglesia primitiva) instrucciones sobre cómo vivir bien para Jesús en su situación, y llamó a los amos a tratar bien a sus esclavos, porque su amo en el cielo estaba mirando (Ef. 6:9), la idea de que Pablo estaba a favor de la esclavitud se desarma por todas partes. Un texto clave es la carta de Pablo a Filemón, cuando llama a un esclavo, Onésimo, su «hijo» (Filem. 1:10) y su «propio corazón» (Filem. 1:12). Pablo insta al antiguo amo de Onésimo a recibirlo ya no como esclavo sino como «un hermano querido», y a recibirlo como recibiría a Pablo, el mentor sumamente respetado de Filemón (Filem. 1:16). Esta carta trastoca por completo la relación entre amo y esclavo. Mientras tanto, en la carta de Pablo a Timoteo, vemos una clara condenación del pecado mismo en el cual se basó la esclavitud en América.

El catálogo de Pablo de prácticas pecaminosas en 1 Timoteo 1:8-10 se construye sobre los Diez Mandamientos en Éxodo 20. El quinto mandamiento, «Honra a tu padre y a tu madre», concuerda con «los que maltratan a sus propios padres». El sexto mandamiento, «No mates», concuerda con «los asesinos». El séptimo, «No cometas adulterio», concuerda con «los adúlteros» y «los homosexuales». Y el octavo mandamiento, «No robes», concuerda con «los traficantes de esclavos». Robar seres humanos para esclavizarlos es la peor clase de robo. Según la ley del Antiguo Testamento, estaba penado con la muerte (Ex. 21:16). Al leer sus escritos, no cabe duda de que, si Pablo hubiera presenciado la esclavitud basada en raza que practicaban personas que se identificaban como cristianas en Estados Unidos, las habría condenado categóricamente. Pero también habría condenado las maneras en que muchas iglesias de hoy toleran la inmoralidad sexual en los cristianos, tanto heterosexuales como homosexuales.

¿Acaso Pablo era un intolerante homofóbico con un corazón lleno de odio y pretensión de superioridad moral? No. Justo después del pasaje en el cual enumera el sexo homosexual entre otras formas de pecado, Pablo escribe: «Este mensaje es digno de crédito y merece ser aceptado por todos: que Cristo Jesús vino al mundo a salvar a los pecadores, de los cuales yo soy el primero» (1 Tim. 1:15). Pablo no mira a las personas en relaciones homosexuales desde arriba, como si fuera moralmente superior. Afirma que es el peor pecador que conoce, salvo solamente para probar que alguien tan malo podía ser redimido (1 Tim. 1:16). Y cada vez que escribe sobre el pecado de la relación homosexual, les recuerda a sus lectores que ellos también son pecadores. En Romanos 2, cualquiera que haya leído la lista de pecados de Pablo y haya salido sintiéndose orgulloso de sí mismo, recibe una cachetada: «Por tanto, no tienes excusa tú, quienquiera que seas, cuando juzgas a los demás, pues al juzgar a otros te condenas a ti mismo» (Rom. 2:1). En 1 Corintios 6, las palabras del apóstol son más tiernas. Después de enumerar varios pecados, incluido el sexo gay, les recuerda a sus lectores: «Y eso eran algunos de ustedes. Pero ya han sido lavados, ya han sido santificados, ya han sido justificados en el nombre del Señor Jesucristo y por el Espíritu de nuestro Dios» (1 Cor. 6:11). Este versículo prueba que algunos de los primeros cristianos, al igual que mi amiga Rachel, llegaron a Cristo con un trasfondo de relaciones homosexuales, y fueron santificados por la sangre de Cristo, al igual que los demás.

Algunos argumentan que Pablo no se daba cuenta de que podía haber un amor y una devoción mutuos entre personas en un romance homosexual, porque lo único que veía era modelos promiscuos y explotadores de relaciones homosexuales (por ejemplo, hombres adultos con muchachos adolescentes, o sexo con esclavos varones). Afirman que habría defendido el matrimonio gay si hubiera sabido que existía esa posibilidad. Pero, aunque el matrimonio gay no era para nada común en el mundo antiguo, no era algo sin precedentes. Es más, el infame emperador Nerón, que gobernaba Roma mientras Pablo escribía, se casó con otro hombre en dos ocasiones diferentes. Como lo expresa el historiador y pionero en estudios homosexuales, Louis Crompton: «Bajo ninguna circunstancia, ni Pablo ni ningún otro escritor judío de su época dan a entender ni la más mínima aceptación de la relación entre personas del mismo sexo». Es más, «la idea de que los homosexuales podrían redimirse mediante una devoción mutua habría sido completamente extraña para Pablo o cualquier otro judío o cristiano de la época».[2]

Pero ¿esto significa que la Palabra de Dios está en contra del amor entre personas del mismo sexo? Para nada.

2. Louis Crompton, *Homosexuality and Civilization* (Cambridge, MA: Harvard University Press, 2003), 114.

TE ENVÍO MI PROPIO CORAZÓN

La Biblia nos llama repetidas veces a un amor no erótico entre personas del mismo sexo. Mientras que la unión de una sola carne está reservada para el matrimonio, todos los cristianos son «un solo cuerpo» (por ej., 1 Cor. 12:12-27; Rom. 12:4-5; Ef. 4:4). Pablo escribe que los cristianos estaban «unidos por amor», porque estaban «unidos» en el cuerpo de Cristo (Col. 2:2, 19). Afirma que, entre los tesalonicenses, era «como una madre que amamanta y cuida a sus hijos» (1 Tes. 2:7), y que amaba a los filipenses «con el entrañable amor de Cristo Jesús» (Fil. 1:8). Las cartas de Pablo a las iglesias son, en el sentido más puro, cartas de amor.

El apóstol también habla con términos sumamente íntimos sobre su amor por creyentes individuales. A Epafrodito, lo llama «mi hermano, colaborador y compañero de lucha» (Fil. 2:25), evocando el vínculo profundo que se genera entre soldados, ya que se cuidan mutuamente la espalda. Pero el lenguaje más afectuoso de Pablo por otro individuo llega en su carta a Filemón. Onésimo y Pablo se habían conocido en la prisión. Se habían transformado en compañeros del evangelio. Ahora, Pablo llama a Onésimo su hijo (Filem. 10) y le dice a Filemón que le está enviando su «propio corazón» (Filem. 12).

Uno de los ajustes culturales que tuve que hacer al mudarme a Estados Unidos fue que los estadounidenses dicen «te amo» con mucha más libertad. Al principio, me resultó incómodo, incluso hueco. Esas palabras se usan con mucha moderación en Inglaterra, así que se me ponían los pelos de punta cuando mis amigos declaraban su amor, en especial si no eran particularmente cercanos. Pero después de doce años en Estados Unidos, suelo decirles esas palabras a mis amigos. Si se respaldan con un verdadero compromiso del corazón, una verdadera disposición a sacrificarse por el otro y un verdadero afecto que va más allá de una mera cordialidad, ahora creo que nos acercan más a las normas del Nuevo Testamento. Y aunque los límites para el toque sexual son claros, la Biblia llama a los cristianos a expresiones físicas de afecto mutuo en Cristo: el mandamiento de «[saludarse] unos a otros con un beso santo» aparece cinco veces (Rom. 16:16; 1 Cor. 16:20; 2 Cor. 13:12; 1 Tes. 5:26; 1 Ped. 5:14).

«De este modo todos sabrán que son mis discípulos», dijo Jesús, «si se aman los unos a los otros» (Juan 13:35). Vemos esta intimidad en la relación entre Jesús y otros varones. Juan se refiere a sí mismo como el discípulo «a quien Jesús amaba» (Juan 20:2). Algunos han intentado argumentar que la relación entre Jesús y Juan ere homoerótica. Pero, aunque en español, «amor» es un talle único, la palabra griega que usa Juan no es la que se solía usar para el amor sexual. Juan también menciona que Jesús amaba a Lázaro (Juan 11:3), y registra una conversación entre Jesús y Pedro después de la resurrección del Señor, en la cual Jesús le pregunta tres veces a Pedro si lo ama, y el discípulo responde tres veces que sí (Juan 21:15-17). Al igual que el amor entre hermanos y amigos, el amor entre creyentes del mismo sexo es precioso, profundo e íntimo. Pero no es sexual ni exclusivo.

Hace poco, vi un episodio de *Planeta Tierra*, en el cual un elefante bebé era separado de su madre en medio de una tormenta de arena. La manada se encontraba en un agotador viaje para encontrar agua, y después de la tormenta de arena, la solitaria cría había encontrado las huellas de su madre. Pero, cuando la cámara se alejaba del animalito, el narrador contaba la dolorosa verdad: el elefantito estaba siguiendo las huellas de su madre en la dirección equivocada.

No es que la Biblia no celebre el amor entre personas del mismo sexo. Sí lo hace. Pero en lugar de señalarnos una relación exclusiva y sexual, estas huellas escriturales guían a vínculos no eróticos y no exclusivos entre creyentes. Si se siguen correctamente, estas huellas llevan a una fuente llena de amor y vida en Cristo. Pero si se desvían al pecado sexual, conducen a la muerte.

Mirar algunas otras instantáneas bíblicas nos ayudará a entenderlo.

INSTANTÁNEAS DE AMOR

Hace poco, vi en Twitter un video de un papá tocando la guitarra y cantando el éxito de Elvis Presley: «Can't Help Falling in Love» [No puedo evitar enamorarme]. Más de un millón de personas habían mirado el video; no porque el hombre fuera un excelente cantante, sino porque le estaba cantando a su hijo recién nacido. Nadie hubiera pensado que este papá estaba expresando un amor sexual. Si lo pensáramos, se nos revolvería el estómago. Sin embargo, era una canción de amor, y el uso de este hombre de una canción romántica para expresar sus sentimientos por su hijo recién nacido fue conmovedor, porque nos mostró que un amor completamente *no romántico* puede ser igual de profundo que uno romántico.

Si repasamos la película de la Escritura, descubrimos que el amor paternal es una imagen poderosa del amor de Dios. Así como los mejores matrimonios humanos nos permiten vislumbrar el amor de Jesús por nosotros, en los mejores padres humanos, vemos una instantánea del amor paternal de Dios. La Biblia también usa metáforas maternales para Dios, al decir que dio a luz a Israel, y lo compara con una madre que amamanta (por ej., Deut. 32:18; Isa. 49:15). Así que, en la mejor de las madres humanas, nos sumergimos en el calor del amor maternal de Dios.

Las relaciones con los padres son vitales. Pero son vitalmente distintas de las relaciones de carácter sexual. Añadirle un elemento sexual al amor paternal es como dejar caer unas gotas de limón en la leche: la arruina al instante. Esto no se debe a que el sexo sea malo, ni a que el amor de los padres sea malo. Desde la perspectiva de Dios, ambos son *muy* buenos. Pero el sexo no pertenece a la relación entre padres e hijos. Tanto el matrimonio como la paternidad representan el amor de Dios por nosotros. Sin embargo, superponer una imagen sobre la otra arruina ambas. La Biblia afirma lo mismo sobre el amor entre personas del mismo sexo: así como el amor sexual y el amor de los padres, es un rayo en la rueda del amor humano que ocupa su espacio único y precioso, y nos ayuda a entender otro aspecto del amor de Dios por nosotros.

En nuestra cultura actual, es fácil creer que el amor sexual es la cima de la intimidad humana, seguida de cerca por el amor de los padres. Con esta mentalidad, a los cristianos les resulta fácil creer que la familia nuclear es el eje de todo amor real y duradero. Pero Jesús echa por tierra esta idea: «Nadie tiene amor más grande —declara Jesús— que el dar la vida por sus amigos» (Juan 15:13). Según Jesús, la amistad no es el pobre primo del amor romántico. El amor de amigos que se sacrifica por el otro es igual de bueno que cualquier otra clase de amor.

En lugar de valorar la familia nuclear por encima de todo, Jesús destacó la familia de la iglesia. Un día, mientras enseñaba, Jesús escuchó que Su madre y Sus hermanos estaban esperando para hablar con Él. Respondió: «¿Quién es mi madre, y quiénes son mis hermanos?». Señalando a Sus discípulos, dijo: «Aquí tienen a mi madre y a mis hermanos. Pues mi hermano, mi hermana y mi madre son los que hacen la voluntad de mi Padre que está en el cielo» (Mat. 12:46-50). Jesús no está denigrando la familia nuclear. La está colocando en su contexto adecuado: la hermandad de la iglesia, comprada por sangre.

Este es el contexto dentro del cual Pablo vivía como hombre soltero y recomendaba la soltería por encima del matrimonio (1 Cor. 7:32-35, 40). Este es el contexto en el cual deberían vivir hoy los cristianos que se sienten atraídos a personas del mismo sexo: una familia amorosa de la fe, en la cual los hermanos en Cristo comparten la vida, el alimento y las luchas con el pecado. Antes, tenía miedo de que compartir mi experiencia con la atracción a personas del mismo sexo a mis amigos cristianos hiciera que se alejaran de mí. Ahora, me doy cuenta de que, al *no* compartir mis luchas, yo me estaba alejando de ellos. Para los cristianos que se sienten atraídos a personas del mismo sexo, la lucha puede ser sumamente real. Cuando mi amiga Rachel volvió a retomar una relación sexual con una muchacha, el amor de sus amigos cristianos fue lo que la ayudó a regresar. La persona que deja una relación homosexual para caer en los brazos de Cristo debería sentir más amor, no menos. Los brazos de aquellos que son el cuerpo de Jesús aquí en la tierra deberían brindar Su abrazo tangible.

El verano pasado, hice una serie de preguntas y respuestas para estudiantes junto con un pastor soltero mucho mayor que yo. Nos preguntaron qué le diríamos a nuestro yo de 18 años. El pastor dijo que, a los 18 años, era dolorosamente consciente de su atracción hacia otros hombres, y tenía un profundo temor de no poder mantenerse alejado a largo plazo de un estilo de vida homosexual. Décadas más tarde, sus patrones de atracción no cambiaron. Pero hubiera querido decirle a su versión de 18 años lo buena y llena de amor que sería su vida.

SEAMOS MÁS BÍBLICOS, NO MENOS

Algunos argumentan que, para que la iglesia sobreviva en un mundo donde el amor es amor, tenemos que volvernos menos bíblicos. Estoy convencida de que lo opuesto es verdad. Por demasiado tiempo, nos hemos tragado la mentira de que el matrimonio es el bien supremo. Por demasiado tiempo, nos hemos tragado la mentira de que la soltería es el premio de consuelo. Por demasiado tiempo, hemos subestimado el amor entre personas del mismo sexo y nos hemos tragado la mentira de que la familia nuclear es más importante que la iglesia.

El matrimonio cristiano, en su mejor versión, es una hermosa imagen del amor de Jesús por nosotros. Pero no es la única. Juan escribió: «En esto conocemos lo que es el amor: en que Jesucristo entregó su vida por nosotros. Así también nosotros debemos entregar la vida por nuestros hermanos» (1 Jn. 3:16). En Cristo, somos un cuerpo juntos, hermanos y hermanas, compañeros de milicia, entretejidos en amor. Si los cristianos vivieran de esta manera, la plaga de la soledad se terminaría, y todos nosotros —solteros o casados, heterosexuales o gays, viejos o jóvenes, viudos o recién casados— estaríamos dentro del abrazo de una familia. Estas son las primeras vibraciones del terremoto del amor de Dios que reconstituirá el mundo cuando vuelva Jesús.

Cuando me fui de la cafetería de Missouri, abracé a las mujeres con las que había estado hablando, y nos reímos juntas. Pero me advirtieron que nada de lo que les había dicho había cambiado su apoyo para la protesta del día siguiente. Más adelante, en Twitter, una de ellas dijo con amabilidad que le daba pena que yo nunca hubiera «experimentado amor y pasión con otra mujer». Le envié un mensaje a mi amiga Rachel, la cual respondió: «Está equivocada sobre eso del amor».

3

«EL MOVIMIENTO DE LOS DERECHOS HOMOSEXUALES ES EL NUEVO MOVIMIENTO DE DERECHOS CIVILES»

«¿Podrías desenredarme esto?».

Las manos de mi hija estaban llenas de lana. Quería empezar un proyecto, pero había dos colores que estaban enredados. Había llegado al punto en que, si tirabas de cualquiera de los dos hilos, el nudo se ajustaba más. Así que empecé el proceso lento, meticuloso y detallado de desarmar los distintos nudos. Cada vez que parecía que progresaba y estaba ovillando un color prolijamente en mi mano, llegaba al final del hilo. Resultó ser que ella había estado extrayendo lana al tomar puntas al azar y cortaba el hilo cuando llegaba a un nudo.

En el capítulo 1, exploramos la visión amplia de la Biblia sobre el amor y la unidad a través de las diferencias raciales y culturales. En el capítulo 2, vimos la gran imagen bíblica del sexo y el matrimonio y cómo la Biblia tiene una hermosa visión distinta de la relación entre personas del mismo sexo. En este capítulo, examinaremos cómo el fracaso histórico de los cristianos blancos a la hora de amar al prójimo negro generó la poderosa afirmación de que el movimiento de los derechos homosexuales es el nuevo movimiento de derechos civiles. Esta es la cinta que une «el amor es amor» con «Black Lives Matter». Veremos por qué esta afirmación es tan persuasiva, y por qué, en última instancia, fracasa. Y veremos que los atajos tan solo dificultan más el proceso lento, meticuloso y detallado de desenredar este nudo.

«ESTÁS DEL LADO EQUIVOCADO DE LA HISTORIA»

El 14 de noviembre de 1960, una niña de seis años llamada Ruby Bridges fue llevada a una escuela primaria de Nueva Orleans. El año en que Ruby nació, la Corte Suprema de Estados Unidos decretó que la segregación en las escuelas públicas era anticonstitucional. Sin embargo, muchos seguían resistiéndose a la integración. Los pasos de esta valiente pequeña de seis años para entrar a la escuela primaria William Frantz fueron parte de un gran salto para Estados Unidos: un salto hacia la educación integrada de niños negros y blancos, un salto hacia la igualdad, un salto hacia el día en que «los niños negros podrán tomar de la mano a los niños blancos como hermanos».[1] Pero en lugar de unirse a este gran paso, muchos padres blancos dieron otro paso. Cuando Ruby Bridges entró a la escuela, se enfrentó a amenazas de muerte, insultos racistas y a toda una multitud blanca que entonaba una cancioncita en rechazo a la integración. Aquel día, a 500 niños blancos los retiraron de la escuela, y a medida que más y más escuelas se volvieron integradas, muchos padres blancos llevaron a sus hijos a escuelas privadas segregadas.

---

1.   Martin Luther King Jr., discurso: «I Have a Dream» [Tengo un sueño], dado en la Marcha sobre Washington a favor de los trabajos y la libertad, el 28 de agosto de 1963, https://www .americanrhetoric.com/speeches/mlkihaveadream.htm

Hoy en día, nos horroriza esa conducta. Pero los que somos cristianos deberíamos sentirnos más horrorizados. Muchas de las escuelas privadas para niños blancos tenían «cristiana» o «iglesia» en su nombre. No eran solo los padres blancos los que no querían que sus hijos estuvieran en las escuelas integradas. Los padres *cristianos* no querían. Estas «academias de segregación» son un ejemplo entre muchos en la historia de Estados Unidos de cuando los cristianos blancos se pusieron *en contra* del amor que cruza los límites raciales. Por cierto, no todos los cristianos blancos, pero demasiados.

Hoy, cuando la gente ve la oposición cristiana al matrimonio gay, piensa que es la misma canción, la segunda estrofa. El razonamiento es algo como lo siguiente: así como los cristianos oprimieron y aterrorizaron a los afroamericanos, también han oprimido y aterrorizado a los homosexuales. Así como ahora nos avergonzamos de los segregacionistas de la década de 1960, algún día, nuestros descendientes se avergonzarán de nosotros, si seguimos oponiéndonos al matrimonio gay. Hace poco, leí una columna del *New York Times* titulada: «Choosing The Right Side Of History» [Elige el lado correcto de la historia], en la cual el periodista galardonado con un premio Pulitzer, Nicholas Kristof, dio el habitual paso de unir los derechos homosexuales con los derechos civiles.[2] Según él, los que se oponen a cualquier ideal progresista están del lado incorrecto de la historia. Tal como declaró el doctor y reverendo Martin Luther King Jr.: «El arco del universo moral es largo, pero se inclina hacia la justicia».[3]

Dada la historia del racismo de los cristianos blancos, entiendo por qué la gente cree que el cristianismo es el problema. En la mente de muchos de mis amigos seculares, para volvernos más justos, tenemos que volvernos menos bíblicos. Tal vez una forma progresista

2. Nicholas Kristof, «Choosing The Right Side Of History», *The New York Times*, 14 de octubre de 2020, A27, https://www.nytimes.com/2020/10/14/opinion/amy-coney-barrett-health-care .html. La versión en línea modificó el título: «Will We Choose the Right Side of History?» [¿Elegiremos el lado correcto de la historia?].

3. Martin Luther King Jr., «Out of the Long Night of Segregation», *Missions: An International Baptist Magazine*, 8 de febrero de 1958, https://thekingcenter.org/archive/document /out-long-night-segregation.

de cristianismo pueda sobrevivir en el mundo moderno. Pero la fe tradicional cristiana basada en la Biblia —la clase que no puede defender el matrimonio gay— ha fracasado. El movimiento de los derechos homosexuales levantó la antorcha del movimiento de los derechos civiles y empezó a correr. Debemos correr junto a él o quedar atrás. Al menos, eso es lo que se piensa.

Sin embargo, esta perspectiva tiene muchísimos problemas.

En primer lugar, como vimos en el capítulo 1, sin el Dios de la Biblia, nuestros ideales sobre la igualdad y la justicia humanas no tendrían fundamento. Por eso, Yuval Noah Harari declara: «No hay dioses en el universo, no hay naciones, dinero, derechos humanos, leyes ni justicia fuera de la imaginación común de los seres humanos».[4] Desde una perspectiva atea, no hay razón para creer en los derechos humanos, ninguna base para el amor que atraviesa diferencias, y el bien y el mal carecen de significado más allá de nuestra imaginación compartida en determinado momento. Si esto es cierto, entonces la esclavitud basada en la raza y las leyes de segregación no estaban absolutamente *erradas*. Siempre y cuando estuvieran bien según la «imaginación compartida» de suficiente gente en esa época, era algo lo suficientemente bueno, porque no hay ningún estándar moral universal ni atemporal. Tal como lo expresa Richard Dawkins: «los valores morales están "en el aire" y cambian de siglo a siglo, incluso de década a década».[5] La idea misma de los derechos humanos es, como argumenta Harari, un invento cristiano. Así que necesitamos que el cristianismo esté en lo *correcto* para que los abusos a los derechos humanos estén *errados*.

En segundo lugar, la idea de que hay que proteger a las minorías, en lugar de oprimirlas, también nos llega del cristianismo. Como lo expresa el historiador Tom Holland, tal protección habría resultado muy extraña en el Imperio grecorromano del primer siglo donde surgió el cristianismo, en el cual la ética era esencialmente

---

4.   Harari, *Sapiens*, 28.
5.   Richard Dawkins, *Outgrowing God: A Beginner's Guide* (Nueva York: Random House, 2019), 159.

esta: «Los fuertes hacen aquello que tienen el poder para hacer. Los débiles tienen que aguantárselo».[6] Pero cuando un hombre pobre de un grupo racial y religioso históricamente oprimido afirmó ser Dios hecho carne, mandó a amar a los más vulnerables de la sociedad y murió la muerte de un esclavo en una cruz romana, puso a los pobres, los oprimidos y los victimizados en el centro del plan moral de Dios para siempre.

En tercer lugar, sin una creencia en un Dios creador, no *hay* una historia del universo. Cuando King afirmó que el arco del universo moral se inclina hacia la justicia, lo dijo *porque* era cristiano y creía en la muerte y la resurrección de Jesús:

El mal también puede dar forma a los acontecimientos, de manera que el César ocupe un palacio y Cristo una cruz, pero ese mismo Cristo se levantará y dividirá la historia en a. C. y d. C., de manera que incluso la vida del César se feche según Su nombre. Sí, «el arco del universo moral es largo, pero se inclina hacia la justicia».[7]

Si no hay ningún Dios que haya hecho el universo, no hay ningún universo moral para inclinar. Como expresa Dawkins, no hay «diseño ni propósito, ni mal ni bien, nada más que una indiferencia ciega y cruel».[8] Si no hay ningún Dios que ama la justicia y que creó el mundo, no hay razón para creer que el mundo por fin será justo. Es más, no hay manera de saber qué significaría eso.

En cuarto lugar, el problema con los cristianos que apoyaron la segregación no fue que escucharan demasiado a la Biblia, sino demasiado poco. Aunque la Biblia se opone firmemente al matrimonio gay, hace un corte igual de firme a favor de la igualdad y la integración racial. Arrepentirse de la injusticia racial significa volver a la Biblia.

6. Ver Holland, *Dominion*, 41. Citando a Tucídide, 5.89.
7. Martin Luther King Jr., «Out of the Long Night of Segregation», *Missions: An International Baptist Magazine*, 8 de febrero de 1958.
8. Richard Dawkins, *A River Out of Eden: A Darwinian View of Life* (Nueva York: Basic Books, 1996), 133.

Afirmar el matrimonio gay para los creyentes implica alejarse. En la época anterior a la abolición, los que tenían esclavos evitaban que los esclavos leyeran la Biblia o la editaban de manera drástica. Como lo expresa Esau McCaulley: «Una parte de ellos sabía que sus conclusiones exegéticas solo podían mantenerse si a los esclavos se les negaba una experiencia personal con el texto».[9] Hace falta una edición igual de cuidadosa para hacer que parezca que la Biblia apoya la segregación que para hacer que parezca que afirma el matrimonio gay. En ambos casos, es lo mismo que editar un cartel que dice «No entrar» tachando el «No».

El quinto problema con la afirmación de que aquellos cristianos que no apoyan el matrimonio gay para los creyentes están del lado incorrecto de la historia es que, en términos puramente demográficos, es poco probable que sea cierto. Hoy en día, el 31% de la población mundial se identifica como cristiana, y esa proporción se inclina a aumentar a un 32% para 2060, mientras que se estima que la proporción de los que no están afiliados a ninguna religión declinará de un 16% a un 13%.[10] La competencia más cercana del cristianismo es el islam, que se estima que crecerá de un 24% a un 31% y que tampoco apoya el matrimonio gay. Muchos esperaban que el cristianismo progresista que defiende el matrimonio gay prosperara, mientras que la fe basada en la Biblia declinara. Pero en Estados Unidos, las iglesias tradicionales han tenido un declive pronunciado, mientras que a las iglesias evangélicas les ha ido mucho mejor.[11] Globalmente, las iglesias evangélicas y pentecostales (la mayoría formadas por creyentes de color) están creciendo, mientras que las más liberales (mayormente formadas por gente blanca) están en decadencia.

---

9.   McCaulley, *Reading While Black*, 170.

10. Ver «*The Future of World Religions: Population Growth Projections, 2010–2050*», Pew Research Center, 2 de abril de 2015, y «*Projected Change in Global Population, 2015–2060*», Pew Research Center, 31 de marzo de 2017, http://www.pewforum.org/2017/04/05/the-changing-global-religiouslandscape/pf_17-04-05_projectionsupdate_changepopulation640px.

11. «*The Changing Religious Composition of the U.S.*» en *America's Changing Religious Landscape*, Pew Research Center, 12 de mayo de 2015, http://www.pewforum.org/2015/05/12/chapter-1-the-changing-religious-composition-of-the-u-s/.

Por último, la afirmación de que cualquiera que se oponga al matrimonio gay para los cristianos equivale a un segregacionista de la década del 60, fracasa cuando miramos lo que realmente creen los estadounidenses negros.

LAS PERSPECTIVAS INCÓMODAS DE LOS ESTADOUNIDENSES NEGROS

En 2001, alrededor de un tercio de estadounidenses adultos apoyaban el matrimonio entre personas del mismo sexo. Para 2013, ese número creció a la mitad. Cuando el matrimonio gay se legalizó en todo el país en 2015, el 55% de los estadounidenses estaban de acuerdo. Desde entonces, el apoyo creció aún más, a un 61% de estadounidenses que afirmaban el matrimonio gay en 2019.[12] Este cambio en una sola generación es uno de los desplazamientos culturales más notables de nuestra época. Es importante observar que alguien podría oponerse al matrimonio gay *para los creyentes*, sin pensar que debería ser algo ilegal. En comparación, creo que la oración frecuente, una asistencia semanal a la iglesia (excepto bajo circunstancias extremas), la generosidad para los necesitados y una vida como soltero fiel o casado fiel son cuestiones vitales para el discipulado cristiano. Pero no creo que deberían estar reguladas por la ley. Creo que la ética cristiana es más atractiva cuando se adopta por voluntad propia. Aun así, cuando hablamos de que no creer que el matrimonio gay debería ser legal representa en algún sentido creencias subyacentes, vemos una diferencia significativa entre los estadounidenses negros y blancos.

En la mente de muchas personas, que el matrimonio gay se haya legalizado en todos los Estados Unidos bajo el primer presidente

---

12. Cifras citadas de *«Changing attitudes on same-sex marriage»*, Pew Research Center, 14 de mayo de 2019, https://www.pewforum.org/fact-sheet/changing-attitudes-on-gay-marriage. Un sondeo de opinión descubrió niveles ligeramente superiores de apoyo, pero una trayectoria similar a lo largo del tiempo: https://news.gallup.com/poll/311672/support-sex-marriage-matches-record-high.aspx

negro solidificó la idea de que el movimiento de los derechos homosexuales es el heredero natural del movimiento de los derechos civiles. Pero, aunque el presidente Obama apoyaba el cambio, en ese momento, solo un 39% de los estadounidenses negros estaban de acuerdo. Para 2019, solo el 51% de los negros estadounidenses apoyaban el matrimonio homosexual, frente al 62% de los blancos.[13] Esta diferencia es la más notable, ya que la edad promedio de los negros estadounidenses es menor que la de los blancos, y las personas más jóvenes tienen más probabilidad de apoyar el matrimonio homosexual.[14] Es más, es mucho más probable que los negros estadounidenses voten a los demócratas, y mucho más probable que los demócratas apoyen el matrimonio gay antes que los republicanos.[15]

Entonces, ¿qué evita que tantos negros estadounidenses apoyen el matrimonio gay? Probablemente, se trate de distintos factores. Uno es que es mucho más probable que un estadounidense con un título universitario apoye el matrimonio gay que uno que tiene un título secundario o menos, e históricamente, los afroamericanos han tenido un menor acceso a la educación superior.[16] Pero otro factor significativo es los niveles mucho más altos de fe y práctica cristianas entre los negros estadounidenses.[17]

Como vimos en el capítulo 1, los negros americanos tienen una mayor propensión a identificarse como cristianos que sus pares blancos. Salen más arriba en las encuestas en todas las medidas de

---

13. «Changing attitudes on same-sex marriage», 2019.

14. En 2019, el 83% de los estadounidenses de entre 18 y 29 años apoyaban el matrimonio gay, frente a solo un 47% de aquellos con 65 años o más.

15. En 2019, el 79% de los demócratas apoyaba el matrimonio gay, frente a tan solo un 44% de los republicanos.

16. En 2016, el 68% de los estadounidenses con un título universitario decía que el matrimonio homosexual debía ser legal, frente a un 45% de personas sin título. Hannah Fingerhut, «Support steady for same-sex marriage and acceptance of homosexuality», Pew Research Center, 12 de mayo de 2016, https://www.pewresearch.org/fact-tank/2016/05/12 /support-steady-for-same-sex-marriage-and-acceptance-of-homosexuality.

17. Para un debate de 2015 sobre el tema, cuando el matrimonio homosexual estaba siendo considerado por la Suprema Corte de Estados Unidos, ver Frank Newport, «Religion, Race, and Same-Sex Marriage», Gallup Blog, 1 de mayo de 2015, https://news.gallup.com/opinion /polling-matters/182978/religion-race-sex-marriage.aspx.

prácticas cristianas, y suelen ser más conservadores en cuanto a lo teológico.[18] Aunque es mucho menos probable que los protestantes negros considerados como un todo (sin separar a los progresistas teológicos de los conservadores) se opongan al matrimonio gay, en comparación con los evangélicos blancos, es mucho más probable que lo hagan en comparación con los protestantes blancos tradicionales.[19] No importa cómo lo leas, la realidad de que casi la mitad de todos los negros estadounidenses *todavía* no apoyan el matrimonio gay es un gran problema para la afirmación de que el movimiento de los derechos negros es el nuevo movimiento de los derechos civiles. Por cierto, desprestigia la idea de que cualquiera que no apoye el matrimonio gay por razones religiosas equivale a un segregacionista de la década del 60. Por supuesto, podrías decir que los cristianos negros están sencillamente equivocados sobre el matrimonio gay. Pero, como mínimo, esta divergencia de visión muestra que no se pueden aglomerar los intereses y las creencias de todas las minorías. Vemos esta grieta con mayor claridad en el caparazón supuestamente coherente de la diversidad cuando el hecho de no apoyar las relaciones homosexuales lleva a la discriminación contra los negros en los países con mayoría blanca.

En 2019, una actriz negra llamada Seyi Omooba fue despedida de un rol protagónico en una producción londinense de *El color púrpura* debido a una publicación de Facebook de 2014, donde expresaba sus convicciones cristianas respecto a la relaciones homosexuales.[20] «Tan solo citaba lo que la Biblia dice sobre la homosexualidad —explicó Omooba—, la necesidad de arrepentirse, pero sobre todas las cosas,

18. Las declaraciones de fe de las denominaciones protestantes negras más grandes dan testimonio de esto.

19. Una encuesta de 2020 descubrió que el 34% de los evangélicos blancos apoyaban el matrimonio gay, frente a un 57% de protestantes negros y un 79% de protestantes blancos tradicionales. Ver *«Dueling Realities: Amid Multiple Crises, Trump and Biden Supporters See Different Priorities and Futures for the Nation»*, Public Religion Research Institute, 19 de octubre de 2020, https://www.prri.org/research/amid-multiple-crises-trump-and-biden-supporters-see-different-realities-and-futures-for-the-nation.

20. Sofia Lotto Persio, *«The Color Purple actress under fire over anti-gay post»*, Pink News, 17 de marzo de 2019, https://www.pinknews.co.uk/2019/03/17/the-colour-purple-actress-anti-gay-post.

el amor de Dios por toda la humanidad».[21] El despido de una mujer negra debido a su visión cristiana tradicional no es ningún triunfo para la diversidad. Todo lo contrario.

En la declaración de misión del movimiento Black Lives Matter se insinúa que muchos negros en Estados Unidos no apoyan las relaciones homosexuales. El segundo punto en esta declaración de misión declara:

> Afirmamos las vidas de negros homosexuales y transgénero, personas con discapacidades, indocumentadas, con antecedentes, mujeres y toda vida negra en el espectro de género. Nuestra red centra a aquellos que han sido marginados dentro de los movimientos de liberación negra.

Por supuesto, los cristianos deberían apoyar y defender el derecho a una vida libre de agresiones, acoso y violencia contra cualquier persona, como portadora de la imagen de Dios. Las personas negras que se identifican como homosexuales o transgénero le importan tanto a Jesús que vino a morir por ellas, y cualquier odio o abuso cometido contra la gente del colectivo LGBT+ por parte de cristianos va en contra del llamado de Cristo a amar a nuestro prójimo como a nosotros mismos. Sin embargo, el reconocimiento de que las personas LGBT+ han sido «marginadas dentro de los movimientos de liberación negra» muestra que el movimiento a favor de los derechos homosexuales no está conectado naturalmente con el movimiento de los derechos civiles. La mayoría de los afroamericanos que participaron del movimiento a favor de los derechos civiles no habrían apoyado las relaciones homosexuales o las identidades transgénero, y (por más irónico que parezca) las personas más propensas a sostener una visión progresista de los derechos LGBT+ hoy en día son blancas y económicamente privilegiadas.

La raza, las elecciones sexuales y la identidad de género son distintos hilos que es necesario desenredar y entender. Cuando miramos

---

21.   Jonathan Ames, «*Seyi Omooba: Actress fired for anti-gay Facebook message wins backing in legal fight*», *The Times*, 16 de noviembre de 2020, https://www.thetimes.co.uk/article /seyactress-fired-for-anti-gay-facebook-message-wins-backing-in-legal-fight-srczzfj67.

más de cerca la comparación que hace la gente entre nacer gay y nacer negro, encontramos problemas intrínsecos que, en última instancia, no les hacen justicia a las personas de ninguno de los dos grupos.

Lo vemos con mayor claridad cuando se compara el matrimonio gay con el matrimonio interracial.

¿EL MATRIMONIO GAY ES LO MISMO QUE EL MATRIMONIO INTERRACIAL?

En 1967, la Corte Suprema de Estados Unidos revocó las leyes que prohibían el matrimonio interracial. El caso en cuestión era el de Mildred y Richard Loving, que habían sido sentenciados a prisión por un año. Richard era blanco. Mildred era parte afroamericana y parte indoamericana. Su matrimonio quebrantaba la ley del estado de Virginia. Es estremecedor pensar en lo reciente que es esto, y que, a pesar de todo lo que la Biblia dice sobre el amor que trasciende las diferencias raciales y culturales, muchos cristianos insistían en que el matrimonio interracial iba en contra del plan de Dios.

Mientras la Suprema Corte consideraba el caso a favor del matrimonio gay en 2015, *Loving v. Virginia* se citó como precedente. La corte votó 5 a 4 a favor. El juez Clarence Thomas —el único juez afroamericano del tribunal— fue uno de los cuatro que votó en contra del matrimonio homosexual. Pero, más allá de los aciertos y desaciertos del sistema legal estadounidense, ¿está bien considerar al matrimonio gay el heredero natural del matrimonio interracial? No lo creo.

Durante siglos, motivados por el racismo, los científicos blancos afirmaron que había diferencias biológicas significativas entre personas negras y blancas. Sin embargo, estaban equivocados. Es más, ahora que podemos analizar el ADN de cada ser humano, vemos que a menudo hay más variación genética entre dos personas de ascendencia africana que entre una persona negra y una blanca. Es más, cualquier diferencia aparente entre una persona negra y una blanca (el color de la piel o el tipo de cabello, por ejemplo) es irrelevante en lo que se refiere a tener relaciones sexuales y procrear. Mientras que las leyes en contra del matrimonio interracial en Estados Unidos se basaban parcialmente en afirmaciones de científicos a mediados del siglo xix que decían que la mezcla racial conducía a la infertilidad, esto era absolutamente falso.[22] No hay nada en un matrimonio interracial que cambie aquello para lo cual fue diseñado el matrimonio: para ser una imagen del amor de Jesús por la iglesia y una asociación para tener y criar hijos.

El caso del matrimonio homosexual es diferente. Hay diferencias biológicas significativas entre hombres y mujeres. En muchas situaciones de la vida, estas diferencias no importan. Por ejemplo, para hacer la mayoría de los trabajos, no importa si eres hombre o mujer. Pero las diferencias entre hombres y mujeres son sumamente relevantes en el matrimonio. Es más, es el ámbito en donde son *más* relevantes, porque estas diferencias nos permiten tener bebés juntos. Comparar el matrimonio homosexual con el matrimonio interracial tan solo funciona si aceptas las creencias erróneas sobre las personas de distintos trasfondos raciales que los científicos blancos solían promocionar. Esto en sí no significa que el matrimonio homosexual esté mal. Pero sí significa que no podemos decir que sea el sucesor natural del matrimonio interracial.

¿SER GAY SE COMPARA CON SER NEGRO?

El movimiento de derechos homosexuales se edificó sobre los cimientos del movimiento de derechos civiles, sobre la base de que ser gay era, en aspectos importantes, similar a ser negro. Cada uno de nosotros nace con una herencia racial no elegida. De la misma manera, argumentaban los pioneros de los derechos homosexuales, hay personas que nacen siendo gay. Por lo tanto, deberían tener los mismos

---

22. William H. Tucker, «*The Ideology of Racism: Misusing Science to Justify Racial Discrimination*», UN Chronicle, https://www.un.org/en/chronicle/article /ideology-racism-misusing-science-justify-racial-discrimination.

derechos que cualquier otro para trabajar, servir en el ejército y casarse. Sin embargo, esta analogía tiene dos problemas fundamentales.

Primero, cuando las personas comparan el ser gay con ser negro, en general no distinguen las *atracciones* de las *acciones* de una persona. Sean cuales sean nuestros patrones de atracción, no *elegimos* nuestras atracciones. Yo, por ejemplo, no elegí sentirme atraída a otras mujeres. Pero sí elegimos nuestras acciones, y todos podemos concordar en que las acciones sexuales conllevan un peso moral. Por ejemplo, hace no mucho tiempo, conocí a un hombre de algo más de 50 años que toda su vida de casado había luchado con la atracción a otras mujeres. Se esforzó mucho por mantenerse alejado de estas atracciones. Pero podría haber tomado decisiones distintas. Cuando se sentía atraído a otra mujer, podría haber respondido empezando una aventura amorosa. Podría haberse divorciado de su esposa y haberse casado con otra mujer. O quizás, podría haber intentado abusar de alguien. Todas estas son decisiones morales, y todos estaríamos de acuerdo en que al menos la última decisión sería inmoral. En cada caso, la atracción es la misma, pero la acción es diferente. Mi amigo experimenta atracción, y luego toma decisiones morales respecto a cómo responder. De manera similar, aunque yo no elegí mi atracción a personas de mi mismo sexo, tanto como no elegí el color de mi piel, si dejara a mi esposo por otra mujer y luego dijera que no tuve opción, estaría negando la realidad básica de mi humanidad: soy un ser humano que toma decisiones morales, no un animal que tan solo responde a sus impulsos. Si lo piensas, es deshumanizador no distinguir entre la atracción y la acción de una persona.

Segundo, mientras que la herencia racial es tanto no elegida como invariable, las últimas investigaciones muestran que nuestras atracciones sexuales pueden cambiar con el tiempo, y que la bisexualidad es mucho más común que la sexualidad homosexual exclusiva. Lisa Diamond, profesora de la Universidad de Utah, la cual se identifica como lesbiana, es una pionera de esta investigación. Diamond descubrió que mujeres como yo, que experimentan atracción a personas del mismo sexo pero no de manera exclusiva, conforman con un gran margen el grupo más grande de personas con atracciones homosexuales. Un 14%

de las mujeres experimentan atracción hacia otras mujeres, mientras que solo un 1% no se siente atraída jamás a algún hombre. En el caso de los hombres, alrededor de un 7% se siente atraído a otros hombres, mientras que solo un 2% nunca se siente atraído a alguna mujer. Esto significa que hay una complejidad significativa con las categorías rígidas. Por ejemplo, el 42% de las que se identifican como lesbianas y el 31% de los hombres que se identifican como gay informan haber tenido alguna fantasía con el sexo opuesto en el último año, según descubrió un estudio.[23]

La cultura popular está empezando a reconocer esta complejidad. La comedia canadiense *Schitt's Creek* ganó una pila de Emmys en 2020. Uno de sus protagonistas, David, da indicios de una identidad gay desde el principio y termina casándose con otro hombre. Pero en la primera temporada, el programa juega con las expectativas de la audiencia al hacer que David se acueste con una mujer y diga que es bisexual. Mientras tanto, el hombre con el cual David se casa al final estaba anteriormente comprometido con una mujer y nunca antes salió con un hombre. Diez años atrás, a este hombre se lo habría representado como alguien que siempre supo que era gay pero nunca lo reconoció. Pero, como la investigación de la profesora Diamond ha demostrado, más que algo establecido desde el nacimiento, «el cambio de patrones de atracción homosexual y heterosexual es una experiencia relativamente común entre las minorías sexuales».[24]

Diamond clarifica que el cambio no se forja mediante un esfuerzo intencional; por ejemplo, cuando alguien va a terapia para intentar cambiar sus atracciones. Pero el cambio a lo largo del tiempo y en

23. La profesora Diamond resume sus hallazgos en una conferencia en la Universidad de Cornell, «*Just How Different Are Female and Male Sexual Orientation?*», YouTube, 17 de octubre de 2013, https://www.youtube.com/watch?v=m2rTHDOuUBw. Para un breve resumen sobre las distintas proporciones de la población que informan atracción a personas del mismo sexo, conductas homosexuales e identidad LGBT, ver Gary J. Gates, «*How Many People are Lesbian, Gay, Bisexual, and Transgender?*», Facultad de Derecho de la UCLA, Williams Institute, abril de 2011, https://williamsinstitute.law.ucla.edu/publications/how-many-people-lgbt.

24. Ver Lisa M. Diamond, «*Sexual Fluidity in Male and Females*», *Current Sexual Health Reports* 8 (4 de noviembre de 2016): 249-256, https://doi.org/10.1007/s11930-016-0092-z.

distintas circunstancias (a veces, algo llamado «fluidez sexual») se ve en todas las categorías, ya sea que la persona se identifique como gay, heterosexual o bisexual. Diamond reconoce lo desafiante que es este hallazgo para el movimiento de los derechos homosexuales:

> Hemos abogado por los derechos civiles del colectivo LGBT sobre la base de que son LGBT. Hemos usado categorías como parte de nuestra estrategia para las políticas sociales y la aceptación, y esto es sumamente espinoso, ahora que sabemos que no es cierto.[25]

Nada de esto significa que uno elige a quién se siente atraído, o que todos los que experimentan la atracción a personas del mismo sexo pueden también ser capaces de un deseo heterosexual. Pero sí significa que la orientación sexual no es lo mismo que la raza. Nuestros patrones de atracción pueden cambiar con el tiempo. Nuestra herencia racial no. Por respeto a todos los afectados, debemos desatar el nudo que ha unido estas dos ideas.

Pero aquellos que somos cristianos también debemos arrepentirnos de las maneras en que el pecado cristiano ha atado ese nudo.

LA RAZA, LA SEXUALIDAD Y EL PREJUICIO

Una de las mentiras más nocivas que se han contado a través de los siglos sobre las personas negras es que eran moralmente inferiores a las blancas. Este prejuicio profundamente arraigado hizo que Ruby Bridges, de seis años de edad, pareciera una amenaza, e hizo que el abogado fiscal creyera que sabía que Anthony Ray Hinton era culpable con tan solo mirarlo. King soñaba con el día en el que a sus hijos no se los juzgara por el color de su piel sino por la calidad de

---

25. Citado de Diamond, *«Just How Different Are Female and Male Sexual Orientation?»*. Ver también Clifford J. Rosky y Lisa M. Diamond, *«Scrutinizing Immutability: Research on Sexual Orientation and U.S. Legal Advocacy for Sexual Minorities»*, The Journal of Sex Research 53, nos. 4-5 (mayo-junio de 2016): 363-91, https://psych.utah.edu/_resources/documents/people /diamond/Scrutinizing%20Immutability.pdf.

su carácter, porque la herencia racial no conlleva ningún peso moral. Aunque las decisiones sexuales sí lo hacen, debemos reconocer que los cristianos demasiado a menudo han percibido a las personas que se identifican como gay a través de una mirada con un prejuicio similar.

A muchos que fueron criados en la iglesia se les enseñó que sospecharan de los gays y las lesbianas. Es más, la idea de que alguien gay era en un sentido general una *mala persona* se cimentó en su enseñanza. Cuando las personas que fueron criadas de esa manera descubren que los prejuicios no son ciertos, a menudo, descartan lo que la Biblia sí dice. Por ejemplo, muchas veces, he escuchado que los cristianos heterosexuales dicen algo como: «Solía creer que la Biblia está en contra del matrimonio gay, pero después conocí a un amigo gay en el trabajo. Es una persona muy buena y parece estar en una relación realmente amorosa, así que ahora no estoy tan seguro». Cuando alguien dice una cosa similar, muestra que fue criado con perspectivas que bautizaban lo que la Biblia realmente dice en una olla hirviendo de prejuicio. No hay razón para que un cristiano piense que alguien que está en una relación homosexual no puede ser también amable, generoso y confiable. Un homosexual bien puede ser todas estas cosas, así como un heterosexual que comete adulterio también puede ser una buena persona en otros aspectos. Tal vez tengamos un amigo gay que es fiel a su esposo y un amigo heterosexual que le es infiel a su esposa. Si esto nos sorprende, tal vez tengamos que arrepentirnos de nuestro prejuicio. Pero no deberíamos arrepentirnos de nuestra teología.

Sin lugar a dudas, la Biblia presenta las relaciones homosexuales como un síntoma de un corazón pecaminoso en general. Pero esto también es cierto de otras formas de pecado sexual. A veces, la gente observa que los cristianos son más bien benignos con el pecado heterosexual mientras que son estrictos con el pecado homosexual. Tienen razón en protestar cuando ven esta inconsistencia. Como vimos en el último capítulo, el apóstol Pablo también protestó. Pero la respuesta no es decir «sí» al matrimonio gay porque tan a menudo hemos permitido el sexo heterosexual pecaminoso fuera del matrimonio. La respuesta es decir «no» al pecado heterosexual también, el cual la Biblia condena.

¿Y QUÉ SUCEDE CON LAS PERSONAS QUE YA ESTÁN CASADAS?

Una pregunta cada vez más importante para los cristianos es lo que la enseñanza bíblica significa para los homosexuales que llegaron a Cristo estando casados con una persona del mismo sexo. La pregunta es particularmente apremiante para aquellos que están criando hijos en matrimonios homosexuales. El Dios de la Biblia detesta el divorcio. Así que, ¿no es acaso mejor que los que están casados con alguien de su mismo sexo permanezcan casados después de llegar a Cristo, así como Pablo les dice a los creyentes casados con incrédulos que no dejen a su cónyuge (1 Cor. 7:12, 13)?

Desde una perspectiva bíblica, la respuesta es no. Aunque el matrimonio homosexual está reconocido por la ley, no es válido ante Dios, porque requiere un pecado impenitente. Pero especialmente en casos donde hay niños, la iglesia debe pensar de manera creativa sobre cómo recibir a nuevos creyentes a la comunidad de la fe. Esta es una de muchas áreas en las que la verdad bíblica de que la iglesia es la principal unidad familiar entra en juego. Hace poco, conocí a una mujer que está viviendo esta realidad.

Genia se casó primero a los 17 años y tuvo sus primeros tres hijos con un hombre crónicamente infiel. Intentó hacer que el matrimonio funcionara, pero no lo logró. En cambio, tuvo un amorío con otra mujer, la cual le dio la conexión relacional que ella tanto anhelaba. Cuando su matrimonio por fin llegó a su fin, Genia cayó en depresión y experimentó tendencias suicidas. Era parte de una iglesia y había conocido a una joven llamada Misha a través de una amiga en su grupo de estudio bíblico. Misha se encargaba de vigilarla. «Estábamos en una casa sobre un lago —recuerda Genia. Si era por mí, me ahogaba en el agua».

Misha nunca se había sentido atraída a otras mujeres, pero una cosa llevó a la otra y ella y Genia se enamoraron. Se mudaron juntas, establecieron un concubinato y, a través de un banco de esperma, tuvieron un hijo. Todo iba bien hasta que el abuelo de Misha falleció. Ella empezó a hacerse preguntas sobre la mortalidad, y le dijo a Genia que quería ir a la iglesia. «Me sentía bien y contenta hasta que volví a la iglesia», dijo Genia. «Ahí fue cuando Dios volvió a tironear de mi corazón». El llamado de Dios se hizo tan claro que Genia le dijo a Misha que no podían seguir así. Al principio, Misha no lo tomó nada bien. Pero después de un período de resistirse e incluso de tener ella una aventura amorosa, Misha le entregó su vida a Cristo. «Su transformación fue maravillosa», recuerda Genia.

Todo ese tiempo, la hija y el yerno de Genia, el cual pastorea una iglesia en Nashville, las habían amado y habían estado orando por las dos. Cuando Genia y Misha se acercaron a Cristo, supieron que no podían continuar en una relación sexual. Entendieron que esto podía significar romper su familia, y estaban listas para dar ese paso, confiando en el Señor y sabiendo que su obediencia sería lo mejor para su hija. Pero, a medida que oraban, las dos se sintieron llamadas a reiniciar sus vidas en la familia de la iglesia donde servía el yerno de Genia. Esa iglesia había tenido un rol importantísimo en la travesía de fe de Misha, y la sentían como su hogar espiritual. Así que, al final, las tres se mudaron con la hija y el yerno de Genia, que también estaban criando hijas mujeres. En vez de romperse, la familia creció, y su relación cambió. «Éramos amantes —explica Genia—, y ahora somos hermanas». Con palabras que trajeron lágrimas a mis ojos, Genia me explicó que ella y Misha son más cercanas ahora como hermanas en Cristo de lo que jamás fueron como amantes.

No todas las historias tendrán finales tan felices. Algunas parejas del mismo sexo necesitarán una separación completa para vivir fielmente para Cristo. Por más doloroso que sea, Jesús nos llama a negarnos a nosotros mismos y tomar la cruz para seguirlo. No hay garantías. Pero un enfoque creativo y amplio sobre la familia siempre será parte de la respuesta para los homosexuales que entran a la comunidad de la fe; ya sea que abandonen un matrimonio legal o relaciones menos formales, o si tan solo están renunciando a la posibilidad de relaciones sexuales y románticas en el futuro. Rosaria Butterfield, que era profesora de literatura en una universidad secular y estaba en una relación lesbiana a largo plazo cuando se convirtió a Cristo, dice que aprendió la hospitalidad de su tiempo en la comunidad LGBT+.[26] Hoy en día, la mayoría de la gente asocia la «familia no tradicional» —el sentido de intimidad colectiva que no depende del ADN— con las personas del colectivo LGBT+. Pero los pioneros de una comunidad así fueron los cristianos. Y como lo expresa un comentarista del siglo II, los cristianos tienen «una mesa en común, pero no una cama en común».[27]

«¿POR QUÉ LOS CRISTIANOS HAN MANIFESTADO AVERSIÓN AL COLECTIVO LGBT+?»

En enero de 2020, di una conferencia titulada: «¿Acaso no estamos mejor sin el cristianismo?», para una reunión cristiana en MIT. Cuando llegó el momento de preguntas y respuestas, pedí que los más escépticos elevaran preguntas. Una de las primeras fue: «¿Por qué los cristianos han manifestado aversión al colectivo LGBT+?». Dije que podía responder a esa importante pregunta con una sola palabra: pecado. No el pecado de las personas LGBT que experimentaban el odio, sino el pecado de cualquier cristiano que lo manifestara.

Jesús nos llama a amar a nuestros enemigos... ni hablar de aquellos que han tomado decisiones sexuales distintas a las de nosotros. Las maneras en que los cristianos han actuado a veces con odio hacia los homosexuales es sencillamente desobediencia a Cristo, y sus efectos pueden ser devastadores. La pareja lesbiana con la que me encontré en Missouri estaba verdaderamente preocupada de que lo que yo

---

26. Su excelente libro, *The Gospel Comes with a House Key: Practicing Radically Ordinary Hospitality in Our Post-Christian World* (Wheaton, IL: Crossway, 2018), argumenta que esta es la norma cristiana.
27. *The Epistle of Mathetes to Diognetus*, capítulo 5.

dijera pudiera ser dañino, ya que algunos estudios han sugerido que los adultos jóvenes LGBT+ criados en contextos religiosos son más propensos al suicidio que aquellos que se criaron en otro ambiente. Por ejemplo, un estudio de 2015 mostró que «los adultos LGBT que maduran en contextos religiosos tienen más probabilidades de experimentar pensamientos suicidas, y más específicamente pensamientos suicidas crónicos, así como intentos de suicidio, comparados con otros jóvenes adultos LGBT».[28] En general, como veremos en el próximo capítulo, una asistencia habitual a la iglesia tiene un efecto significativamente protector contra el suicidio. Pero este no parece ser el caso para aquellos que se identifican como LGBT+, cuyas tasas de suicidio suelen ser mucho más altas que las de sus compañeros heterosexuales, a pesar de la mayor aceptación social.[29] Amar a una persona no significa aprobar todas sus acciones. Pero sí significa escuchar e intentar comprender. En *Us versus Them* [Nosotros contra ellos], Andrew Marin cita a un hombre gay de 29 años que vive en Athens, Georgia, y que dijo algo que suelen decir las personas LGBT+ a las que él entrevista: «Dejé la iglesia porque no pude encontrar ni una persona que se interesara lo suficiente como para escuchar mi historia. Es decir, que escuchara *de verdad*».[30]

Si miramos la vida y el ministerio de Jesús, a menudo vemos que lo criticaban por amar a personas conocidas por su pecado sexual. Por cierto, horrorizó a sus críticos religiosos cuando declaró: «Les aseguro que los recaudadores de impuestos y las prostitutas van delante de ustedes hacia el reino de Dios» (Mat. 21:31). Jesús no estaba intentando apoyar la prostitución ni la exorbitante recolección de impuestos de Su época. Lo que quería decir era: «Oigan, estas personas van

---

28. Ver Jeremy J Gibbs y Jeremy Goldbach, «*Religious Conflict, Sexual Identity, and Suicidal Behaviors among LGBT Young Adults*», *Archives of Suicide Research* 19, no. 4 (12 de marzo de 2015): 472-88, https://pubmed.ncbi.nlm.nih.gov/25763926.

29. Ver, por ejemplo, Julia Raifman, et. al., «*Sexual Orientation and Suicide Attempt Disparities Among US Adolescents: 2009-2017*», *Pediatrics* 45 no. 3 (marzo de 2020): 1-11, https://pediatrics.aappublications.org/content/145/3/e20191658.full.

30. Andrew Marin, *Us Versus Us:The Untold Story of Religion and the LGBT Community* (Colorado Springs: NavPress, 2016), 35.

delante de ustedes porque se dan cuenta de que son pecadores que me necesitan. Ustedes también son pecadores. ¡Lo que pasa es que no se dan cuenta!». Algunos usan este texto para argumentar que a Jesús no le molestaba el pecado sexual, así que a nosotros tampoco debería molestarnos. No obstante, lo opuesto es verdad. Es más, si Jesús hubiera apoyado los pecados de los cobradores de impuestos y las prostitutas, esto habría quitado justamente aquello que los separaba de los fariseos que se creían moralmente superiores: sabían que eran pecadores que necesitaban un Salvador.

Cuando Ruby Bridges entró a la escuela primaria William Frantz, tuvo que pasar junto a multitudes escarnecedoras que agitaban carteles con mensajes llenos de odio. Históricamente, muchos homosexuales han experimentado un trato similar en nombre del cristianismo. Hoy en día, esta clase de odio explícita y pública viene de grupos periféricos como la supuesta Iglesia Bautista de Westboro, que en esencia, es la familia extendida de un solo hombre. Sin embargo, sigue habiendo mucho prejuicio en las iglesias, al punto de que suele ser más fácil confesar una adicción a la pornografía que la experiencia de la atracción a personas del mismo sexo, y la atracción homosexual en general se asocia con la pedofilia en la mente de las personas. Para que la hermosa versión bíblica del matrimonio resplandezca, es necesario mudar esta capa de prejuicio.

Pero, aunque a veces, la conducta poco cristiana de muchos que profesan seguir a Cristo ha asociado las experiencias de las personas negras con las de los LGBT+, debemos volver a rechazar un argumento sencillo de nosotros y ellos. Rosaria Butterfield fue atraída a Cristo mediante el amor incondicional de un pastor cristiano mayor y su esposa, a los cuales conoció después de escribir un artículo para un periódico, criticando el odio cristiano. Mi amiga Rachel fue aceptada con amor de inmediato por una comunidad cristiana en Yale, y amigos fieles la acompañaron con amor y la ayudaron a volver a levantarse cuando cayó en pecado sexual. Y, mientras la niña Bridges de seis años caminaba junto a esas multitudes odiosas, oraba por aquellos que la despreciaban, pidiéndole a Dios que los perdonara, y reflejó así un verdadero amor por los enemigos. A lo largo de siglos de abuso, millones de afroamericanos cristianos han hecho lo mismo.

¿PODRÍAS DESENREDARME ESTO?

Cuando mi hija se me acercó con su maraña de lana, en parte, fue un acto de confesión. Sus acciones habían llevado a que distintos colores se enredaran, a que los nudos se ajustaran y a que las secciones cortas de lana se cortaran. Ella tuvo que entender que se había equivocado y pedir ayuda. Si miramos atrás a los últimos 400 años, tal vez nos demos cuenta de algo similar. Como cristiano hoy en día, es fácil ver la fe de los líderes de los derechos civiles, como Martin Luther King Jr. o Fannie Lou Hamer y sentir una cálida sensación de orgullo. Pero esa calidez se enfría en el caso de cristianos blancos como yo, cuando entendemos que, si los cristianos blancos hubieran defendido la ética bíblica desde un principio, el movimiento a favor de los derechos civiles no habría sido necesario.

Si vamos más atrás, me gusta pensar con orgullo en los abolicionistas destacados como Harriet Tubman o William Wilberforce, cuya fe avivó su búsqueda de la justicia. Pero si los cristianos blancos se hubieran opuesto a la esclavitud basada en raza en primer lugar, el movimiento abolicionista no habría sido necesario. El pecado cristiano ha permitido que el movimiento a favor de los derechos homosexuales aproveche el capital moral del movimiento en pro de los derechos civiles. «Black Lives Matter» se enredó en la mente de las personas con «el amor es amor», no solo debido al pecado del mundo, sino también al pecado en la iglesia. El pecado que protestó contra los pasitos de Ruby Bridges hacia una escuela primaria blanca. El pecado que declaró ilegal el matrimonio de Richard y Mildred Loving. El pecado que se desempeñó como partera para la iglesia negra, mientras los creyentes blancos rechazaban a sus hermanos en Cristo y se negaban a adorar con ellos como iguales ante Dios. Pero, antes de que lleguemos a la conclusión de que toda esta historia del pecado cristiano significa que debemos descartar el cristianismo, debemos recordar que la igualdad humana es, en última instancia, algo dado por Dios.

Mi hija podría haberse dado por vencida con su lana enredada y haberla arrojado directamente a la basura. Y, si abandonamos el cristianismo, no nos encontraremos en un mundo feliz y moral, mejor capacitados para apoyar la igualdad para todos. No, nos encontraremos incapaces de justificar los derechos humanos para *cualquiera*. Sin el cristianismo, los seres humanos no tienen derechos naturales, al igual que los chimpancés, las hienas y las arañas tampoco tienen derechos naturales. Y no hay ningún arco moral para el universo. No hay nada más que una indiferencia ciega e insensible.

4

«LOS DERECHOS DE LA MUJER SON DERECHOS HUMANOS»

En 2019, Margaret Atwood publicó *Los testamentos*, una secuela para su éxito de 1985, *El cuento de la criada*. El primer libro imaginaba a Estados Unidos dominado por una secta pseudocristiana. En ceremonias mensuales, «criadas» posiblemente fértiles se someten a relaciones sexuales con sus «comandantes» asignados. Las esposas supervisan. Las criadas se saludan con una versión abreviada de las palabras de Elisabet a la encinta María: «Bendito sea el fruto». La secuela de Atwood vino rápidamente después de una adaptación televisiva de Hulu que trajo *El cuento de la criada* a una nueva generación, y lo transformó en un ícono de la resistencia contra el movimiento provida. Hoy, los protestantes que usan las capas rojas brillantes y las capotas blancas de las criadas de Atwood sugieren visualmente que cualquier reducción en el derecho de una mujer a elegir es una amenaza a todos los derechos de la mujer, inspirada por la religión. Prohibir el aborto sería la declaración suprema del control masculino sobre los cuerpos femeninos. Es una historia contada en rojo y blanco: el cristianismo es malo para los derechos de las mujeres.

En este capítulo, veremos lo equivocada que está esa historia.
Veremos que, sin la Biblia, no hay ninguna base para los derechos de
la mujer, y que el trato de Jesús hacia las mujeres cambió su estatus
para siempre. Veremos que la iglesia siempre ha sido desproporcionadamente femenina, y que, en lugar de beneficiar a las mujeres, la
revolución sexual de la década de 1960 nos entregó un cáliz envenenado. Por último, veremos que, lejos de ser el puntal central de los
derechos de la mujer, el aborto pudre sus cimientos.

A SU IMAGEN

En Génesis 1, Dios crea a los humanos «hombre y mujer», a Su
imagen (Gén. 1:27). En el antiguo Cercano Oriente, esta expresión
designaba realeza. Y en un mundo en el cual a las mujeres no se las
consideraba iguales a los hombres, Génesis especifica que las mujeres
llevan este sello de semejanza divina. Dios bendice a estas primeras
personas y les dice que sean fructíferas y se multipliquen y gobiernen
sobre Su creación como Sus delegados (Gén. 1:27-28). Ser mujer,
primero y principal, es ser hecha a imagen de Dios.

La igualdad entre el hombre y la mujer se ve reforzada cuando
se vuelve a relatar la creación de los humanos en Génesis 2. Primero,
Dios hace al hombre, pero declara que «no [era] bueno» que estuviera
solo, y planea hacerle «una ayuda adecuada» (Gén. 2:18). «Ayuda»
tal vez nos parezca un término degradante, pero en el resto de la
Biblia, suele describir al mismísimo Dios, así que no puede designar
inferioridad.[1] Ninguno de los animales es una ayuda adecuada para el
hombre, así que Dios hace a la mujer a partir de la costilla del hombre.

---

1.   El otro uso de esta misma palabra se encuentra en el Salmo 89:19, cuando el Señor la usa
para describir Su ayuda para David. Otros ejemplos de la palabra en distintas formas incluyen
Éxodo 18:4; Deuteronomio 33:29; Salmos 20:2; 33:20; 54:4; 118:7; Oseas 13:9. Por ejemplo, en
su bendición final para Israel, Moisés dice: «No hay nadie como el Dios de Jesurún, que
para ayudarte cabalga en los cielos, entre las nubes, con toda su majestad» (Deut. 33:26). O
la apertura salvadora del Salmo 121: «A las montañas levanto mis ojos; ¿de dónde ha de venir
mi ayuda? Mi ayuda proviene del Señor, creador del cielo y de la tierra» (vv. 1-2).

La mujer es como el hombre: *hueso de sus huesos y carne de su carne* (Gén. 2:23). No es una ocurrencia tardía. Es esencial para el proyecto dado a la humanidad en Génesis 1. Pero la trama de Génesis 2 presenta una idea: los hombres y las mujeres fueron creados iguales y de modo semejante, pero a la vez, significativamente diferentes el uno del otro, y esencialmente distintos de cualquier otro animal.

Mi esposo y yo estamos mirando *Planet Earth 2* [Planeta Tierra 2]. Por momentos, me compenetro tanto que les grito: «¡Corre, bebé, corre!» a las pequeñas iguanas marinas que huyen por sus vidas de las serpientes hambrientas. La mayoría de las historias incluyen reproducción, ya sea que muestren los bailes de cortejo que duran un mes de los flamencos del altiplano o el sexo violento de las nutrias marinas. A veces, las hembras tienen la ventaja. Pero, en general, el sexo afirma el dominio masculino. Por ejemplo, al presentarnos a un leopardo de las nieves hembra y su hija de dos años, el narrador advirtió que los leopardos machos suelen matar a las crías que no son propias. Esta madre se las arregló para distraer al macho lo suficiente como para que la cría escapara, pero se lesionó durante el ataque sexual del macho. Mirar esta serie nos brinda un recordatorio severo: por más cerca que nos sintamos de nuestras mascotas, y por más que nos identifiquemos con las iguanas bebés, si vamos a reclamar los derechos de la mujer, necesitamos una razón por la cual no somos *solo* animales.

Quiero aclarar que no tengo ningún problema en identificarme como mamífera. Los mamíferos hembras son de sangre caliente, tienen pelo, dan a luz y sustentan a sus crías con leche. ¡Lleno todos los casilleros! Mi fe no me da ninguna razón para decir que *no* soy un animal. Pero me da *toda* razón para afirmar que no soy *solo* un animal; no porque mi cuerpo no cumpla con las condiciones, sino porque mi Creador lo dice. Solo los humanos están hechos a imagen de Dios.

Muchas personas seculares consideran la evolución como la historia de origen que reemplaza el relato de Génesis. La teoría de la evolución no desmiente en sí la creación de Dios ni muestra que Él no nos haya diferenciado. Es más, algunos de los científicos evolucionistas más reconocidos del mundo son cristianos serios.[2] Pero si la evolución es nuestra *única* teoría de origen, entonces la observación de Yuval Noah Harari de antes es correcta: los seres humanos no tenemos ningún derecho natural, al igual que los chimpancés, las hienas y las arañas no tienen derechos naturales. Lo único que tenemos es el triunfo de los fuertes sobre los débiles. Como los hombres son casi siempre físicamente más fuertes que las mujeres, no tenemos fundamentos para afirmar que las mujeres son iguales a los hombres. Y si nuestro único propósito es propagar nuestro ADN, no tenemos fundamentos para afirmar que la violación está mal. Las feministas tienen razón al objetar que se trate a las mujeres como si fueran vientres con patas, y que solo se las valore por su poder reproductivo. Pero si la evolución es nuestra única historia de origen, eso es precisamente lo que es la mujer.

Entonces, ¿por qué tanta gente secular cree en la igualdad de género?

CÓMO LA REVOLUCIÓN CRISTIANA REFORMÓ EL MUNDO

El historiador Tom Holland dejó de creer en la Biblia cuando era pequeño. Se sentía mucho más atraído a los dioses griegos y romanos que al héroe crucificado de la fe cristiana. Pero después de años de investigación, Holland llegó a la conclusión de que incluso los occidentales seculares están profundamente modelados por el cristianismo. Argumenta que, en particular, personas de todos los lados de los debates actuales sobre el género y la sexualidad dependen de ideas cristianas:

Que todo ser humano era dueño de una misma dignidad no era una verdad ni remotamente obvia. Un romano se habría reído al escucharla. Sin embargo, para hacer campaña contra la discriminación sobre la base del género o la sexualidad era necesaria una gran cantidad de gente que

---

2. Ver *Confronting Christianity*, capítulo 6, para una exploración más profunda.

compartiera un supuesto común: que todos poseen un valor inherente. Los orígenes de este principio [...] no se encuentran en la Revolución Francesa ni en la Declaración de la Independencia ni en la Iluminación, sino en la Biblia.[3]

En el pensamiento grecorromano, los hombres eran superiores a las mujeres, y el sexo era una manera de probarlo. Holland explica: «Lo mismo que las ciudades eran para las espadas de las legiones, así eran para un hombre romano los cuerpos de aquellos usados sexualmente. Penetrar a un hombre o una mujer implicaba marcarlo como inferior».[4] En Roma, «los hombres no dudaban a la hora de usar a esclavos y prostitutas para aliviar sus necesidades sexuales como tampoco lo hacían al usar el costado de un camino a modo de baño»,[5] La idea de que toda mujer tenía el derecho de elegir lo que le sucedía a su cuerpo habría sido irrisoria.

El cristianismo descartó este modelo. En lugar de verlas como inferiores a los hombres, las mujeres fueron hechas a imagen de Dios. En vez de ser libres de usar a esclavos y prostitutos (de ambos sexos), se esperaba que los hombres fueran fieles a una esposa o vivieran en una soltería célibe. Irónicamente, la situación que se describe en *El cuento de la criada* —un hombre que se acuesta con una esclava— es precisamente una de las cuestiones que el cristianismo derogó. El esposo cristiano debía amar a su esposa como Cristo amó a la Iglesia (Ef. 5:25). La relativa debilidad de su cuerpo no era una licencia para la dominación, sino una razón para honrarla como coheredera del don de la vida (1 Ped. 3:7). Mientras que las familias romanas solían casar a sus hijas preadolescentes, las mujeres cristianas podían casarse más adelante. A una mujer cuyo esposo había muerto se la apoyaba si quería quedarse soltera, pero también era libre de casarse con cualquier hombre con el que quisiera, siempre y cuando perteneciera al Señor (1 Cor. 7:39-40).

3.   Holland, *Dominion*, 494.
4.   Ibíd., 99.
5.   Ibíd., 99.

Con razón el cristianismo era tan atractivo para las mujeres. Jesús había cambiado todo.

LA RELACIÓN IMPACTANTE DE JESÚS CON LAS MUJERES

Si pudiéramos leer los Evangelios a través de ojos del primer siglo, el trato de Jesús hacia las mujeres nos haría caer de espaldas. En el capítulo 1, vimos que Su conversación más larga registrada con cualquier individuo fue con una mujer samaritana de mala reputación (Juan 4:7-30). Pero este no fue un incidente aislado. Una y otra vez, Jesús recibía a mujeres que Sus contemporáneos despreciaban. Una vez, estaba cenando en la casa de un fariseo, cuando «una pecadora» entró sin invitación. Lloró a los pies de Jesús, los limpió con su cabello y los besó. El fariseo estaba horrorizado: «Si este hombre fuera profeta, sabría quién es la que lo está tocando, y qué clase de mujer es: una pecadora» (Luc. 7:39). Pero Jesús le volvió las tornas a su anfitrión y afirmó que esta mujer era un ejemplo de amor (Luc. 7:36-50). Recibió a mujeres despreciadas como pecadoras sexuales. También aceptó con brazos abiertos a mujeres consideradas impuras.

Un día, Jesús iba camino a sanar a una niña de doce años, cuando una mujer que sufría de un sangrado menstrual hacía doce años pensó que, si tan solo podía tocar el borde de Su manto, se sanaría. Tenía razón. Pero Jesús no siguió avanzando simplemente. Le pidió que saliera de entre la multitud y elogió su fe (Luc. 8:43-48). Cuando Jesús por fin llegó adonde estaba la niña de doce años, ya estaba muerta. Sin embargo, no era demasiado tarde. Hablando en arameo, la lengua madre que compartían, Jesús dijo: «*Talita cum* (que significa: Niña, a ti te digo, ¡levántate!)», y ella se levantó (Mar. 5:41). No importa si se trataba de niñas o prostitutas, de extranjeras despreciadas o de mujeres impuras por su sangre menstrual, de casadas o solteras, de enfermas (Mat. 8:14-16) o incapacitadas (Luc. 13:10-16), Jesús se hacía tiempo para las mujeres, y las trataba con cuidado y respeto.

En el Evangelio de Lucas, a las mujeres se las suele comparar con los hombres, y donde hay un contraste, las mujeres salen mejor paradas.[6] En los cuatro Evangelios, las mujeres son testigos de la resurrección de Jesús primero, aunque su testimonio no se habría considerado de valor en esa época.

Podemos vislumbrar de manera íntima la relación de Jesús con las mujeres en su amistad con dos hermanas. Conocemos a María y a Marta por primera vez cuando Jesús está en su casa. Marta está ocupada sirviendo. María está sentada a los pies de Jesús, aprendiendo junto con los discípulos. Marta se queja y le pide a Jesús que le diga a María que también tiene que ayudar. Pero Jesús responde: «María ha escogido la parte buena, la cual no le será quitada» (Luc. 10:42, LBLA). En una cultura en la cual se esperaba que las mujeres sirvieran, en lugar de aprender, Jesús apoyó que María aprendiera de Él. Pero, lejos de desestimar a Marta, Juan cuenta otra historia en la cual Jesús tiene una conversación asombrosa con ella después de que murió su hermano, Lázaro. Es más, parecería que Jesús dejó morir a Lázaro en parte para poder tener esta conversación con Marta, a la cual amaba (Juan 11:5), y en la que pronunció estas palabras revolucionarias: «Yo soy la resurrección y la vida. El que cree en mí vivirá, aunque muera; y todo el que vive y cree en mí no morirá jamás. ¿Crees esto?» (Juan 11:25-26).

Marta creyó. Y, desde entonces, un sinnúmero de mujeres también creyeron.

UNA IGLESIA DESPROPORCIONADAMENTE FEMENINA

A principios del siglo II, el gobernador romano Plinio el Joven le escribió al emperador Trajano pidiéndole consejo sobre cómo lidiar con los cristianos. La «infección» del cristianismo se estaba desparramando: «muchas personas de toda edad, rango y de ambos sexos» estaban en riesgo. Para descubrir más sobre el cristianismo, Plinio había torturado

---

6. Ver el debate en *Confronting Christianity*, 126-28.

a «dos esclavas a las que se llamaba diaconisas».[7] Según otros relatos de los comienzos del cristianismo, estas esclavas parecen representativas. Es más, al parecer, había alrededor del doble de mujeres en la iglesia primitiva que de hombres; muchas de ellas, esclavas.[8] Un filósofo griego del segundo siglo dijo sarcásticamente que los cristianos «quieren y pueden convencer solo a los necios, deshonrosos y estúpidos, solo a los esclavos, las mujeres y los niños». De manera similar, en el tercer siglo, la gente se burlaba del cristianismo por atraer «a la escoria de la plebe, y a las mujeres crédulas con la incapacidad natural de su género».[9]

Que tanto como dos tercios de la iglesia primitiva fueran mujeres es especialmente sorprendente dado que el Imperio grecorromano era desproporcionadamente masculino. Muchas mujeres morían al dar a luz, y muchas bebas eran abandonadas: una inquietante prueba de que a las mujeres se las veía como menos valiosas que los hombres. Pero dada la manera en que Jesús trataba a las mujeres, no es ninguna sorpresa que estas acudieran a Él en masa. Y lo siguen haciendo.

Las mujeres suelen ser más religiosas que los hombres, pero el efecto es más pronunciado en el cristianismo. De manera global, es más probable que las mujeres se identifiquen como cristianas, y las mujeres cristianas son más propensas a ir a la iglesia y orar.[10] Este desequilibrio de género se mantiene en Estados Unidos, donde las mujeres suelen afirmar que oran a diario (un 64% contra un 47%) y asisten a reuniones religiosas semanalmente (un 40% contra un 32%).[11]

7.   Ver Michael J. Kruger, *Christianity at the Crossroads: How the Second Century Shaped the Future of the Church* (Downers Grove, IL: IVP Academic, 2018), 32.

8.   Ver Rodney Stark, *The Rise of Christianity: How the Obscure, Marginal Jesus Movement Became the Dominant Religious Force in the Western World in a Few Centuries* (Princeton, NJ: Princeton University Press, 1996), 97-110.

9.   Ver Kruger, *Christianity at the Crossroads*, 34-35.

10. En una encuesta de 2016 a 192 países, por ejemplo, un 33,7% de las mujeres se identificaban como cristianas, frente a un 29,9% de los hombres. Ver «*The Gender Gap in Religion Around the World*», Pew Research Center, 22 de marzo de 2016, https://www.pewresearch.org/wp-content/uploads/sites/7/2016/03/Religion-and-Gender-Full-Report.pdf.

11. «*The Gender Gap in Religion Around the World*», Pew Forum, 22 de marzo de 2016, https://www.pewforum.org/2016/03/22/the-gender-gap-in-religion-around-the-world.

Pero la brecha entre géneros es aún más grande en el país que está por transformarse en sede de la mayor cantidad de cristianos en el mundo. Gran parte de la iglesia de China es clandestina, así que es difícil recopilar datos. Sin embargo, hay evidencia que sugiere que la iglesia china también tiene al menos dos tercios de composición femenina, a pesar de que la población en general es desproporcionadamente masculina.[12]

Entonces, ¿por qué las mujeres modernas en países tan diferentes como Estados Unidos y China eligen el cristianismo? ¿Acaso los hombres no han usado el cristianismo para denigrar y controlar a las mujeres? ¿No es que el cristianismo está en contra de los derechos de las mujeres, desde la libertad sexual hasta la igualdad en el lugar de trabajo? ¿Acaso el cristianismo no subyuga a las mujeres, tanto en el hogar como en la iglesia? Como veremos en el resto de este capítulo, no es tan sencillo.

EL CRISTIANISMO Y EL FEMINISMO

Al igual que muchas palabras que conforman movimientos, *feminismo* es un término cargado y cambiante. Hoy en día, muchos insisten en que incluye cuestiones que los cristianos no pueden apoyar; en particular, el aborto. Sin embargo, la definición del feminismo es la siguiente:

La teoría de la igualdad política, económica y social de los sexos.
Actividad organizada a favor de los derechos y los intereses de la mujer.[13]

---

12.   Por ejemplo, una encuesta de 2007 descubrió que el 73,2% de los protestantes chinos encuestados eran mujeres. Ver F. Yang et al. *«Spiritual Life Study of Chinese Residents»*, *Association of Religion Data Archives*, 16 de septiembre de 2019, https://www.thearda.com/Archive/Files /Descriptions/SPRTCHNA.asp. De manera similar, se estima que un 80% de los miembros de las iglesias por las casas en China son mujeres. Ver David Aikman, *Jesus in Beijing: How Christianity is Transforming China and Changing the Global Balance of Power* (Washington, DC: Regnery, 2003), 98.

13.   Ver «feminism», Diccionario Merriam-Webster, https://www.merriam-webster.com /dictionary/feminism.

Hay muchas cosas por las cuales se ha luchado bajo la bandera del feminismo que los cristianos pueden y deberían apoyar: por ejemplo, el derecho de las mujeres a votar, tener propiedades y recibir el mismo salario que un hombre que se desempeña en el mismo trabajo. Por cierto, muchas de las primeras feministas defendieron los derechos de la mujer *porque* eran cristianas. Por estas razones, me alegra considerarme una feminista, aun si tengo que explicar lo que quiero decir y lo que no. Creo que las mujeres son iguales a los hombres. Creo que deberíamos tener muchas oportunidades que a lo largo de la historia nos fueron negadas, y que deberíamos recibir el mismo salario por el mismo trabajo. Pero, en lugar de que el derecho al aborto sea la plataforma central de la estructura feminista, creo que su plataforma central debería ser la cruz.

Como ya hemos visto, las historias bíblicas de la creación y de la vida, y las enseñanzas de Jesús presentan a los hombres y a las mujeres como igualmente preciosos ante los ojos de Dios. Muchos creen que esta estructura quedó socavada cuando Pablo llamó a las esposas a someterse a sus esposos. Pero, como vimos en el capítulo 2, lejos de afirmar la superioridad masculina, Pablo llama a los esposos a sacrificarse por sus esposas, entregándose como Cristo en la cruz. Si hacemos que los esposos y las esposas sean intercambiables, perdemos el mensaje del evangelio que el matrimonio fue diseñado para predicar, y violentamos la palabra de vida a la cual las mujeres han sido atraídas por milenios. Por supuesto, debemos reconocer que, a través de los siglos, los hombres a menudo no han vivido de acuerdo con esta visión, y han usado textos como Efesios 5 para subyugar y denigrar a las mujeres. Algunos lo siguen haciendo hoy. Pero así como la falta de amor y respeto de los cristianos blancos hacia sus hermanos negros no surgió de demasiada obediencia a la Biblia, sino de demasiado poca, la falta de amor y de servicio de los esposos cristianos a sus esposas también viene de ignorar lo que la Biblia realmente dice.

Encontramos un problema similar cuando vemos que Pablo asigna algunos roles de liderazgo en la iglesia a hombres calificados, y suponemos que esto apoya la superioridad masculina. Cuando la madre de Jacobo y Juan, los discípulos de Jesús, pidió roles especiales de liderazgo para sus hijos en el reino venidero, Jesús respondió: «Ustedes no saben lo que están pidiendo» (Mat. 20:22). Esta madre pensó que estaba garantizando un prestigio para sus hijos. Pero Jesús le dijo que lo que se estaba asegurando era sufrimiento. Les preguntó a Jacobo y a Juan si estaban dispuestos a beber de la misma copa que Él bebería, refiriéndose a la horrenda muerte que le esperaba. Cuando los demás discípulos se enojaron con estos hermanos, Jesús les explicó que estaban todos equivocados. En el mundo, el liderazgo implicaba un poder egoísta. Pero en el reino de Jesús, ser grande implicaba transformarse en un esclavo, así como «el Hijo del hombre no vino para que le sirvan, sino para servir y para dar su vida en rescate por muchos» (Mat. 20:26-28).

Si escuchamos a Jesús, el liderazgo en la iglesia no se trata de poder y privilegio. Se trata de servicio y sacrificio. Con facilidad, nos olvidamos de esto en un mundo de comodidades occidentales. Pero en la iglesia primitiva y en gran parte de la iglesia global de hoy, liderar una iglesia implica arriesgar la vida. Dios hizo a los hombres físicamente más fuertes que las mujeres, y los puso en la línea de fuego. En un mundo en el cual fuerza equivalía a dominio, Jesús se arrodilló y lavó los pies de Sus discípulos, antes de ser levantado sobre una cruz. Donde la Biblia asigna distintos roles a los hombres y las mujeres, llama primero a los hombres a venir y morir.

Es más, aunque Pablo parece asignar ciertos roles específicos en la iglesia a los hombres, también valora explícitamente el ministerio de las mujeres. Por ejemplo, les dice a los cristianos en Roma que reciban a la mujer que entregaría su carta:

> Les recomiendo a nuestra hermana Febe, diaconisa de la iglesia de Cencreas. Les pido que la reciban dignamente en el Señor, como conviene hacerlo entre hermanos en la fe; préstenle toda la ayuda que necesite, porque ella ha ayudado a muchas personas, entre las que me cuento yo. (Rom. 16:1-2)

Pablo saluda a una pareja casada, Priscila y Aquila, a los cuales llama: «mis compañeros de trabajo en Cristo Jesús. Por salvarme la vida, ellos arriesgaron la suya» (vv. 3-4), y saluda a otras siete mujeres, incluidas «María, que tanto ha trabajado por ustedes» (v. 6), y Trifena y Trifosa, las cuales dice que «se esfuerzan trabajando por el Señor» (v. 12).

Aunque la Biblia valora claramente la obra de criar hijos, algo que las mujeres suelen hacer, también valora muchísimo el ministerio evangelizador de las mujeres fuera del hogar, y nos da ejemplos positivos de mujeres que trabajan por una remuneración. La esposa ideal que se describe en Proverbios 31 gana dinero por su labor fuera de la casa, y algunas de las primeras cristianas también tenían trabajos pagos. Por ejemplo, Lidia —una de las primeras personas en seguir a Cristo en Filipos— «vendía telas de púrpura» (Hech. 16:14). Abrió su hogar a los apóstoles, y parece probable que la iglesia de Filipos siguiera reuniéndose en su casa. En ningún momento, a Lidia se la reprendió por tener un trabajo, y nada en la Biblia sugiere que a las mujeres se les debiera pagar menos que a los hombres por el mismo trabajo.

Algunas de mis amigas cristianas están casadas. Otras, son solteras. Algunas, tienen un trabajo secular. Otras, trabajan para ministerios cristianos. Algunas trabajan a tiempo completo, otras a medio tiempo, y algunas se dedican todo el día a sus hijos. Doy gracias por las oportunidades que tienen de servir al Señor en cada una de estas situaciones. Las feministas han luchado por muchas de estas libertades. Pero hay cristianos que, comprensiblemente, no quieren identificarse como feministas —a pesar de creer en la igualdad entre hombres y mujeres—, porque un cristiano no puede defender algunas de las convicciones asociadas con el feminismo hoy en día. Antes de llegar a la plataforma central del aborto, debemos ver la estructura más grande que sostiene: una estructura edificada por la supuesta revolución sexual.

LAS CONSECUENCIAS DE LA REVOLUCIÓN SEXUAL

Nos vendieron la revolución sexual de la década de 1960 como la liberación de la mujer. Durante siglos, los hombres habían encontrado maneras de ir por detrás del matrimonio y tener relaciones sexuales libres de compromiso. Gracias a la píldora anticonceptiva, ahora las mujeres podían hacer lo mismo. Pero en los últimos 60 años, a pesar de las nuevas libertades y oportunidades, la felicidad que las mismas mujeres informan en Estados Unidos ha declinado.[14] ¿Por qué? Parte de la razón es que ese sexo libre de compromisos es un cáliz envenenado.

Un matrimonio estable está asociado con beneficios de salud mental y física, tanto para hombres como para mujeres. Pero estar casado parece ser un factor particularmente significativo para la felicidad en las mujeres.[15] Por otra parte, diversos estudios han mostrado que, para las mujeres en particular, un aumento en la cantidad de compañeros sexuales se relaciona con una peor salud mental, lo cual incluye mayores niveles de tristeza, ideas suicidas, depresión y abuso de drogas.[16] Esto no quiere decir que a las mujeres no les interese el sexo. Pero las personas casadas experimentan una relación sexual más frecuente y mejor que sus pares solteros.[17] Es más, un estudio reciente descubrió que las mujeres en matrimonios *altamente* religiosos (parejas que oran juntas, leen la Escritura en el hogar, asisten a la iglesia, etc.) tenían

14. Ver, por ejemplo, Betsey Stevenson y Justin Wolfers, «*The Paradox of Declining Female Happiness*», IZA Discussion Paper, mayo de 2009, http://ftp.iza.org/dp4200.pdf, y Jason L. Cummings, «*Assessing U.S. Racial and Gender Differences in Happiness, 1972-2016: An Intersectional Approach*», *Journal of Happiness Studies* 21 (2020): 709-32, https://doi.org/10.1007/s10902-019-00103-z.

15. Ver, por ejemplo: «*Subjective Health and Happiness in the United States: Gender Differences in the Effects of Socioeconomic Status Indicators*», *Journal of Mental Health and Clinical Psychology* 4, n.º 2 (14 de mayo de 2020): 8-17, https://www.ncbi.nlm.nih gov/pmc/articles/PMC7304555.

16. Ver, por ejemplo, Tyree Oredein y Cristine Delnevo, «*The Relationship between Multiple Sexual Partners and Mental Health in Adolescent Females*», Community Medicine and Health Education, 23 de diciembre de 2013, https://www.omicsonline.org/the-relationship-between-multiple-sexual-partners-and-mental-health-in-adolescent-females-2161-0711.1000256.php?aid=21466; y Sandhya Ramrakha et al., «*The Relationship between Multiple Sex Partners and Anxiety, Depression, and Substance Dependence Disorders: A Cohort Study*», NCBI, 12 de febrero de 2013, https://www.ncbi.nlm.nih.gov/pmc/articles/PMC3752789.

17. Ver, por ejemplo, Stephen Cranney, «*The Influence of Religiosity/Spirituality on Sex Life Satisfaction and Sexual Frequency: Insights from the Baylor Religion Survey*», *Review of Religious Research* 62 (1 de enero de 2020): 289-314, https://doi.org/10.1007/s13644-019-00395-w.

el doble de probabilidad que sus homólogas seculares de decir que estaban satisfechas con su relación sexual.[18]

Hace mucho que los liberales seculares ven el matrimonio cristiano como una institución represiva, diseñada para someter a las mujeres. Pero en 2016, un estudio sobre las mujeres en Estados Unidos descubrió que las mujeres altamente religiosas casadas con hombres sumamente religiosos que estaban de acuerdo con la declaración: «En general, es mejor para todos si el padre toma la iniciativa a la hora de trabajar fuera del hogar y la madre se encarga de llevar adelante el hogar y la familia», eran las esposas más felices: un 73% afirmaba que la calidad de relación en su matrimonio estaba por encima del promedio. Las siguientes más felices eran mujeres religiosas casadas con hombres religiosos que no estaban de acuerdo con esa afirmación: un 60% informó una satisfacción por encima del promedio. Ambos grupos informaban una mayor felicidad que las mujeres en matrimonios seculares.[19] Por más irónico que parezca, el sector demográfico del cual más se compadecen los progresistas seculares —las mujeres en matrimonios religiosos— son más felices que aquellos que les tienen lástima. Pero la razón no es tan solo que están felizmente casadas. Ser activo en el ámbito religioso les da a las mujeres un estímulo de felicidad. Es más, puede salvarles la vida.

MUERTES DE DESESPERACIÓN

En octubre de 2019, le escribí a Tyler VanderWeele, un profesor de la Facultad de Salud Pública de Harvard, porque estaba atónita. De su investigación, sabía que la asistencia semanal a la iglesia estaba asociada con una mejor salud mental y tasas más bajas de suicidio.

---

18.   Matthew Saxey y Hal Boyd, «*Do "Church Ladies" Really Have Better Sex Lives?*», Institute for Family Studies, 16 de noviembre de 2020, https://ifstudies.org/blog/do-church-ladies-really-have-better-sex-lives.

19.   Ver W. Bradford Wilcox, Jason S. Carroll, y Laurie DeRose, «*Religious Men Can Be Devoted Dads, Too*», *The New York Times*, 18 de mayo de 2019, https://www.nytimes.com/2019/05/18/opinion/sunday/happy-marriages.html.

Pero no sabía cuán grande era la diferencia. Acababa de leer un artículo sobre un estudio a gran escala de mujeres estadounidenses que descubrió que aquellas que asistían a servicios religiosos al menos una vez por semana tenían *cinco veces menos probabilidades de suicidarse* que aquellas que nunca asistían.[20] Quedé tan atónita que le escribí a Tyler para verificar que fuera un resultado representativo. Me respondió: «¡Sí! Los estudios sugieren una tasa entre tres y seis veces menor. ¡Quizás se trate de uno de los factores de mayor protección conocidos para el suicidio!».

En mayo de 2020, el equipo de Tyler publicó un nuevo estudio a gran escala con resultados asombrosamente similares. Después de controlar para ver diversos factores relevantes, descubrió que las mujeres que asistían a servicios religiosos semanalmente tenían un 68% menos de probabilidad de morir «muertes de desesperación» (muertes debidas al suicidio, sobredosis de drogas o alcohol) que aquellas que nunca asistían. Los hombres que asistían semanalmente tenían un 33% menos de probabilidad de sufrir estas muertes.[21] El efecto de la participación religiosa es asombroso. Sin embargo, ir a la iglesia parece tener el efecto más fuerte sobre las mujeres. Los resultados no son únicos al cristianismo, aunque la mayor parte de los datos en Estados Unidos son de personas que asisten a la iglesia.

Parece que, para una cantidad alarmante de mujeres, rechazar la religión no es un pasaporte para la vida sino un boleto a la desesperación. La pareja lesbiana que mencioné en el capítulo 2, que preguntó si lo que yo diría sobre el género y la sexualidad no sería dañino, está criando dos hijas. Aunque está claro que son madres amorosas, están criando sus hijas con una de las prácticas más asociadas con el suicidio: *no* ir a la iglesia.

---

20. Ver Tyler J. VanderWeele et al., «*Association Between Religious Service Attendance and Lower Suicide Rates Among US Women*», *JAMA Psychology*, agosto de 2016, https://jamanetwork.com/journals/jamapsychiatry/article-abstract/2529152.

21. Ver Ying Chen, et al., «*Religious Service Attendance and Deaths Related to Drugs, Alcohol, and Suicide Among US Health Care Professionals*», *JAMA Psychiatry* 77, n.° 7 (6 de mayo de 2020): 737-44, https://jamanetwork.com/journals/jamapsychiatry/article-abstract/2765488.

Pero si la secularización y la revolución sexual no llevaron a una mayor felicidad en las mujeres, ¿al menos les estamos haciendo un bien al permitirles elegir el aborto?

UNA BREVE HISTORIA DEL INFANTICIDIO

Uno de los hechos reales mediante los cuales podemos juzgar cómo el mundo antiguo valoraba a las mujeres es la práctica común de abandonar a las bebas. Como vimos antes, la práctica de dejar a niñas recién nacidas abandonadas para morir llevó a un desequilibrio de género en el Imperio grecorromano. Obtenemos una perspectiva aleccionadora sobre esto de una carta de un soldado romano a su esposa en el año 1 a. C. La carta, que en general es muy afectuosa, incluye la siguiente instrucción: «Por sobre todas las cosas, si tienes un bebé y es varón, consérvalo; si es mujer, descártalo».[22] También se desechaba a los bebés con discapacidades. Es más, el filósofo griego Aristóteles había sugerido la legislación a favor de la eugenesia: «Que haya una ley que dicte que ningún niño deformado viva».[23]

La idea de abandonar a las bebas nos resulta extraña. Sin embargo, incluso hoy, vemos que esta práctica sigue en pie en los dos países más grandes que todavía no han sido significativamente formados por el cristianismo. La iglesia china está creciendo tan rápido que podría reformar la cultura china en la próxima generación. Sin embargo, el aborto y el infanticidio selectivos en las últimas generaciones condujeron a una brecha de género de 35 millones. De la misma manera, en India, donde el hinduismo es la religión dominante, la brecha de género debida al aborto y el infanticidio selectivos es de 25 millones.[24] Entonces, ¿qué cambió nuestras ideas

22. *Letter of Hilarion*, P.Oxy. 4 744, http://www.papyri.info/apis/toronto.apis.17.
23. Aristóteles, *Politics*, 7.14.10. Aristotle, *The Politics*, ed. Stephen Everson (Cambridge: Cambridge University Press, 1988), 192.
24. Elaine Storkey, «*Violence against Women Begins in the Womb*», *Christianity Today*, 2 de mayo de 2018 https://www.christianitytoday.com/women/2018/may/violence-against-women-begins-in-womb-abortion.html.

sobre el abandono de recién nacidos en general, y de las bebas en particular? Jesús.

La valoración de Jesús de los bebés es tan asombrosa como Su valoración de las mujeres. Justo después de que Jesús predicó contra el divorcio (una práctica que dejaba a las mujeres y los niños abandonados), las personas intentaron llevarle a sus hijos para que los bendijera (Mat. 19:3-15; Mar. 10:2-16). Lucas dice que le llevaban «niños muy pequeños» (Luc. 18:15, LBLA). Los discípulos de Jesús los rechazaron. Pero Jesús reprendió a estos hombres:

> Dejen que los niños vengan a mí, y no se lo impidan, porque el reino de Dios es de quienes son como ellos. Les aseguro que el que no reciba el reino de Dios como un niño de ninguna manera entrará en él. (Mar. 10:14-15)

Después, Jesús tomó a los niños y a los bebés en Sus brazos y los bendijo. Nosotros no sentimos la conmoción que generaron Sus palabras y acciones. Pero Sus primeros oyentes sí.

Paul Offit, un profesor no cristiano de pediatría en la Universidad de Pennsylvania, llama al cristianismo «el avance más grande contra el abuso infantil» en la historia. Explica:

> En la época de Jesús [...], el abuso infantil, según observa un historiador, era «el verdadero vicio del Imperio romano». El infanticidio era algo común. El abandono era algo común [...]; los niños eran propiedad, algo similar a los esclavos. Pero Jesús defendió a los niños, se interesó por ellos, cuando la gente no solía hacerlo.[25]

Imitando a Jesús, los primeros cristianos acogían a los bebés que otros abandonaban. Y cuando, para sorpresa de todos, el emperador romano

---

25. Paul A. Offit, «Why I Wrote This Book: Paul A. Offit, M.D., *Bad Faith: When Religious Belief Undermines Modern Medicine*», Hamilton and Griffin on Rights, 17 de marzo de 2015, https://casetext.com/analysis/why-i-wrote-this-book-paul-a-offit-md-bad-faith-when-religious-belief-undermines-modern-medicine.

Constantino se transformó en cristiano, las protecciones legales para las mujeres y los niños empezaron a surgir.

A principios del siglo IV, Constantino aprobó leyes que protegían a las mujeres de un divorcio injustificado y respaldaban a los niños nacidos en la pobreza: «Si cualquier padre informa que tiene un hijo que no puede criar debido a la pobreza, no habrá demora en proveer alimento y vestido».[26] El historiador John Dickson observa que Constantino usaba a las iglesias «como los centros de distribución de asistencia pública para este programa».[27] En 374 d. C., matar a un bebé se transformó en una forma de homicidio, bajo un emperador cristiano posterior. En nuestra cultura, a los que tienen una postura provida se los acusa de no interesarse en las madres y los niños vulnerables *después* del nacimiento. Pero la primera legislación provida motivada por Cristo en el mundo seguía leyes que protegían a las mujeres del abandono y proveían para familias pobres. Una ética cristiana coherente tiene que hacer todas estas cosas. No es ninguna coincidencia que, en Mateo y Marcos, la enseñanza de Jesús sobre el matrimonio y Su recepción de los niños esté seguida por Su instrucción al joven rico de vender todo lo que tiene y darlo a los pobres.

Hoy en día, al igual que en el primer siglo, dos factores simbióticos ponen en riesgo a los bebés: la pobreza y la falta de padre. En Estados Unidos, en 2018, el 85% de las mujeres que buscaron un aborto eran solteras, y las tres cuartas partes vivía por debajo (o no mucho más arriba) de la línea de pobreza federal. Debido principalmente a desigualdades históricas, esto significa que los bebés negros tienen tres veces más probabilidades de ser abortados que los bebés blancos.[28] Estas pequeñas vidas negras son importantes.

---

26. *Theodosian Code* 11.27.1-2.

27. Ver John Dickson, *Bullies and Saints: An Honest Look at the Good and Evil of Christian History* (Zondervan: Grand Rapids, 2021), 76. Ver págs. 33-36 y 74-76 para un debate más amplio.

28. Ver Katherine Kortsmit, Tara C. Jatlaoui, Michele G. Mandel, Jennifer A. Reeves, Titilope Oduyebo, Emily Petersen, y Maura K. Whiteman, «*Abortion Surveillance — United States, 2018*», *Morbidity and Mortality Weekly Report* 69, n.º 7 (verano de 2020), http://dx.doi.org/10.15585/mmwr.ss6907ar; y Tara C. Jatlaoui, Lindsay Eckhaus, Michele G. Mandel, Antoinette Nguyen, Titilope Oduyebo, Emily Petersen, y Maura K. Whiteman, «*Abortion*

Pero, en lugar de darles a las mujeres el apoyo que necesitan, nuestra sociedad opta por la solución rápida del aborto. Felizmente, la tasa de aborto en Estados Unidos está bajando; 2018 tuvo la tasa más baja registrada hasta ahora. Sin embargo, eso sigue representando la pérdida de 619 591 vidas.

Es más, lejos de ser un bien público, el aborto impulsa una tasa de fertilidad bajísima para el futuro, lo cual es alarmante. Con una tasa de fertilidad de 1,78 bebés por mujer —significativamente más baja que la tasa de reposición de 2,1—, Estados Unidos está sentado sobre la bomba de tiempo demográfica de una sociedad cada vez más vieja. Claramente, el valor de la vida nunca debería medirse en términos de economía. Pero contrario al mito predominante de que los niños son una carga sobre la sociedad, desde un punto de vista puramente económico, necesitamos más niños. Además, la mayoría de las mujeres quiere más hijos. En Estados Unidos, «la brecha entre la cantidad de hijos que las mujeres dicen querer (2,7) y la cantidad de hijos que probablemente tengan en realidad (1,8) ha llegado al nivel más alto en 40 años».[29] Y contrario a lo que se suele imaginar, la amplia mayoría de los abortos no surgen de embarazos adolescentes, sino que los buscan mujeres que, con el apoyo adecuado, bien podrían criar a estos niños.[30]

La Biblia no nos llama a un pasado pseudocristiano, donde Occidente estaba supuestamente controlado por normas cristianas pero a los hombres se los solía excusar por acostarse con prostitutas y sirvientas, y a las mujeres embarazadas se las abandonaba de a miles. No nos llama a un mundo en el cual a las madres solteras se las desprecie

Surveillance — United States, 2016», Morbidity and Mortality Weekly Report Surveillance Summaries 68, n.º 11 (29 de noviembre de 2019): 1-41, http://dx.doi.org/10.15585/mmwr.ss6811a1. Ver también Jenna Jerman, Rachel K. Jones, y Tsuyoshi Onda, «Characteristics of U.S. Abortion Patients in 2014 and Changes Since 2008», Guttmacher Institute Report, mayo de 2016, https://www.guttmacher.org/report/characteristics-us-abortion-patients-2014.

29. Lyman Stone, «American Women Are Having Fewer Children Than They'd Like», The New York Times, 13 de febrero de 2018, https://www.nytimes.com/2018/02/13/upshot/american-fertility-is-falling-short-of-what-women-want.html.

30. En 2018, adolescentes de menos de 15 años, y de entre 15 y 19 años fueron responsables del 0,2 y el 8,8 de todos los abortos informados. Ver «Abortion Surveillance—United States, 2018».

o marginalice y se las obligue a realizarse abortos clandestinos. En cambio, Dios nos llama a un mundo en el cual se considere a las mujeres iguales a los hombres, más allá de su estado civil; en el cual las embarazadas reciban apoyo; en el cual a los hombres se los llame a ser esposos fieles o bien solteros fieles; y en el cual se valore y se proteja a los bebés... no solo por parte de sus padres biológicos, sino también por su familia de la fe en una escala mayor. Para resolver el problema del aborto, no necesitamos que se revierta una ley. Necesitamos una revolución de amor.

Pero ¿acaso el aborto es un problema moral? ¿No es algo totalmente distinto del infanticidio, algo que todos tildaríamos de inaceptable?

¿EL ABORTO ES DISTINTO DEL INFANTICIDIO?

La primera vez que participé de estos debates cuando era adolescente, la mayoría de los defensores de la postura a favor de la elección sostenían una brillante línea blanca entre el aborto y el infanticidio. Los provida insistían en que no hay ninguna línea. Claro, podríamos establecer un momento donde de repente declaremos la validez de la vida de un feto. Pero no importa qué momento elijamos —por ejemplo, el momento a partir del que el bebé tiene probabilidades de sobrevivir fuera del vientre—; es arbitrario. A medida que la tecnología médica fue avanzando, la edad de la viabilidad cambió. Pero los bebés no cambiaron. Considerar que un bebé de 22 semanas de gestación es humano hoy, cuando hace 10 años, no lo habría sido, no tenía mucho sentido.

Mi sobrina, que ahora tiene 16 años, nació a las 24 semanas y 5 días. Su cuerpito de recién nacida era tan pequeño que el anillo de bodas de su padre le entraba en el antebrazo. En esa época, ella se encontraba al borde de la viabilidad. En muchos otros países, sin duda, habría muerto. Después de nacer, disfrutó de toda la protección de la ley y el apoyo médico. Pero el día antes de nacer, su madre habría podido abortarla legalmente; tenía preeclampsia, y su vida corría riesgo. En muchos estados, podría haber abortado una semana antes incluso sin esta amenaza. A esa edad, ¿mi sobrina era un ser humano? Sin duda alguna. ¿Tenía derechos humanos? Depende a quién le preguntes.

Hoy en día, en vez de negar que los fetos son seres humanos, los que defienden la elección de la mujer tienden a distinguir entre un *ser* humano y una *persona* humana. Todos somos seres humanos en virtud de nuestra especie. Pero para ser una *persona* humana — alguien con derechos humanos—, debemos tener ciertas capacidades. El problema es que, cuando las personas empiezan a identificar esas capacidades, se dan cuenta de que los recién nacidos tampoco las tienen. En 2012, los especialistas en ética Alberto Giubilini y Francesca Minerva publicaron un artículo en el *Journal of Medical Ethics* [Revista científica de ética médica], argumentando que: «tanto los fetos como los recién nacidos no tienen el mismo estatus moral que las personas», así que «el aborto después del nacimiento (matar a un recién nacido), debería ser permisible en todos los casos donde el aborto es permisible, incluso en casos donde el recién nacido no sea discapacitado».[31] La mayoría de los activistas a favor de la elección no irían tan lejos. La pregunta es: ¿Por qué no?

Uno de los principales filósofos que argumenta a favor de la distinción entre ser y persona es el profesor Peter Singer, de Princeton. Él entiende la realidad de que el ateísmo no justifica una distinción entre los humanos y los demás animales. Así que, en vez de adjudicarle valor a nuestra condición de ser humano, argumenta que los seres (humanos o de otra clase) deberían valorarse de acuerdo con sus capacidades. Según la visión de Singer, «un bebé de una semana no es un ser racional ni consciente de sí mismo, y hay muchos animales no humanos cuyas capacidades, racionalidad, conciencia de sí mismos, percepción, etc., exceden las de un bebé humano de una semana o un mes de vida». Por lo tanto, Singer concluye: «La vida de un bebé recién nacido tiene menos valor [...] que la vida de un cerdo, un perro

31.   Alberto Giubilini y Francesca Minerva, «*After-Birth Abortion: Why Should the Baby Live?*», *Journal of Medical Ethics* 39, n.° 5 (mayo de 2013): 1, https://pubmed.ncbi.nlm.nih.gov/22361296.

o un chimpancé».[32] Para traducir esto a términos prácticos, comer tocino puede ser más inmoral que el infanticidio.

Esta lógica horrorizó a una de las pocas personas que nos conocían a mí y a mi esposo antes de que nosotros nos conociéramos.

UNA CONVERTIDA INESPERADA

Conocí a Sarah Irving-Stonebraker cuando estábamos haciendo un posgrado en Cambridge. Ella era una atea convencida y creía que el aborto es el derecho de toda mujer. Después de terminar su doctorado, obtuvo una beca para un posdoctorado en Oxford, donde asistió a una serie de conferencias de Peter Singer. Sarah había sido criada por padres amorosos y no religiosos, que le habían enseñado a creer en los derechos humanos. Pero cuando escuchó a este famoso filósofo ateo explicar que la simple razón de ser humano no supone que tengas derechos humanos —y que el infanticidio es moralmente justificable—, empezó a darse cuenta de que su ateísmo era un puñal en la espalda de sus convicciones morales más profundas. Como liberal secular, Sarah había pensado que el cristianismo era el enemigo de los derechos humanos, la asistencia a los pobres, la justicia racial y la igualdad de las mujeres. Sin embargo, fue descubriendo que era el fundamento de todas estas cosas. Con el tiempo, como profesora adjunta de historia en la Universidad del Estado de Florida, a los 28 años, se volvió a Jesús.

Al hacerse cristiana, Sarah cambió de opinión sobre muchas cosas, incluso el aborto. No obstante, no cree menos en la igualdad entre hombres y mujeres desde que se convirtió. Es más, su convicción al respecto aumentó. Ahora, en vez de una mera «presunción bienintencionada de liberalismo», su convicción en el valor humano universal está arraigado en la creación de Dios de todos los seres humanos a Su imagen y en el amor abrumador de Dios en Cristo, el cual es «absolutamente distinto de todo lo que [ella] esperaba, o de lo que

---

32.   Peter Singer, *Practical Ethics*, 2º ed. (Cambridge: Cambridge University Press, 1999), 169.

podía comprender». Sarah se dio cuenta de que el cristianismo es, en última instancia, «mucho más radical que las ideologías de izquierda que solían cautivarla».[33] La muerte de Jesús en la cruz por nosotros volteó todas nuestras perspectivas humanas sobre el poder, e hizo que los débiles fueran tan preciosos como los fuertes.

Pero ¿qué sucede con las mujeres en circunstancias desesperadas? ¿Qué pasa con los casos de violación o cuando la vida de la madre corre peligro? ¿Qué sucede con las mujeres que sencillamente no quieren tener el hijo que concibieron? ¿Acaso las mujeres no deberían tener el derecho de elegir?

¿LAS MUJERES DEBERÍAN TENER EL DERECHO DE ELEGIR?

Una de las declaraciones poderosas del movimiento a favor de la elección es que las mujeres deberían tener el derecho de decidir lo que hacen con su cuerpo. En la mayoría de las situaciones, estoy completamente de acuerdo. Como ya vimos, uno de los contrastes marcados entre el cristianismo y el mundo grecorromano es la idea de que el cuerpo de la mujer *no* es tan solo un objeto para que el hombre use. La esclavitud sexual de *El cuento de la criada* va completamente en contra del cristianismo.

Los cristianos creen fervientemente en que la mujer tiene que tener el derecho de elegir no tener relaciones sexuales. Es más, creemos que una mujer no debería ser presionada a tener relaciones sexuales, como demasiadas mujeres hoy en día. (Una amiga que se mudó de Manhattan a Boston me dijo que, en Manhattan, se esperaba que una chica se acueste con un muchacho en la segunda cita, mientras que, en Boston, se puede llegar a la tercera cita antes de que surja la presión del sexo). Pero, sean cuales sean nuestras perspectivas sobre el aborto, ninguno de nosotros cree que una mujer debería tener el derecho de

33. Ver Sarah Irving-Stonebraker, *«How Oxford and Peter Singer Drove Me from Atheism to Jesus»*, The Veritas Forum, 22 de mayo de 2017, http://www.veritas.org/oxford-atheism-to-jesus.

elegir lo que hace con su cuerpo en todos los aspectos. Como mujer, tengo derecho a elegir no tener relaciones sexuales contigo. Pero, a menos que me estés atacando o estés agrediendo a otra persona, no tengo derecho a golpearte. Tanto el sexo como los golpes son cosas que hago con mi cuerpo. Pero una de esas dañaría *tu* cuerpo, y tu cuerpo también es importante.

Pero ¿y si la situación no fuera tan simple? ¿Qué pasaría si te hubieras deslizado por un acantilado, y lo único que impide que te caigas hacia tu muerte es mi mano que te sostiene? ¿Y si me doliera mucho el brazo y se me hubiera dislocado el hombro por tu peso? ¿Y si alguien más me hubiera obligado a sostener tu mano antes de que te deslizaras? ¿Tendría el derecho de decidir soltarte? No. Debería resistir todo lo que pueda, hasta que llegue otra ayuda. Mi cuerpo es importante. Pero tu cuerpo también es importante.

Mi sobrina nació prematura porque su madre tuvo preeclampsia. Haber llevado el bebé a término habría matado a mi cuñada, pero mantuvo a mi sobrina en el vientre todo lo que pudo, con la esperanza de que sobreviviera. Las vidas de las dos eran importantes, y gracias a Dios, las dos sobrevivieron. No tengo ninguna intención de ser simplista. Habrá momentos en los que una tragedia sea inevitable y se deban tomar decisiones terribles. Pero si el cristianismo es verdad, entonces tanto la madre como el bebé importan. Y si no existe un Dios, entonces, a fin de cuentas, ninguno de los dos es importante.

Si no existe un Dios que nos haya hecho a Su imagen —si, como lo expresa Harari, «los derechos humanos son [...] producto de nuestra imaginación prolífica», entonces un bebé en el vientre de su madre *es* apenas un conjunto de células.[34] Pero si no hay ningún Dios que nos haya hecho a Su imagen, entonces tú y yo somos precisamente eso también. Las mujeres embarazadas no tienen derechos naturales, al igual que los chimpancés, las hienas y las arañas tampoco tienen derechos naturales. Si no somos más que animales, la declaración:

---

34. Harari, *Sapiens*, 32.

«Los derechos de la mujer son derechos humanos» no vale ni el cartel donde está escrita.

Pero, si el cristianismo es verdad, la plataforma principal de los derechos de la mujer no es nuestro derecho de matar a nuestros fetos. La plataforma central de los derechos de la mujer es el hijo nonato de María, el cual creció para transformarse en el hombre que nos valoró de tal manera que murió en una cruz romana para que nosotros pudiéramos vivir. Llena del Espíritu Santo, Elisabet exclamó ante su prima embarazada, María: «¡Bendita tú entre las mujeres, y bendito el fruto de tu vientre!» (Luc. 1:41-42, LBLA). *El cuento de la criada* distorsiona estas palabras y las transforma en una maldición moderna. Pero, en realidad, este bebé concebido fuera del matrimonio y nacido en la pobreza cambió todo para las mujeres. Bendito sea el fruto.

5

«LAS MUJERES TRANSGÉNERO SON MUJERES»

Al principio de la película *Mulán* (2020), vemos a una jovencita con dotes extraordinarias. Mulán empuña un palo como si fuera todo un espadachín, escala paredes y corre sobre los techos. «Tu chi es fuerte —declara su padre—. Pero la chi es para los guerreros, no para las hijas». El rol de Mulán es casarse bien. Sin embargo, su reunión con la casamentera es desastrosa, y cuando los mensajeros imperiales vienen a reclutar a un hombre de cada familia, ella roba la armadura y la espada de su padre y huye a entrenar para la guerra. «Transformaremos en un hombre a cada uno de ustedes», se jacta el nuevo comandante de Mulán.

En su casa, ella no encajaba en su rol. Pero cuando los soldados se comprometen a ser «leales, valientes y veraces», Mulán no puede hacerse eco de la última palabra. La única persona que se da cuenta de quién es realmente Mulán es su némesis, Xianniang, otra guerrera mujer que fue rechazada por su comunidad porque su chi era «inimaginable». Xianniang incita a Mulán a decir la verdad. Cuando ella se niega, Xianniang tira a matar. A Mulán la salva el cuero con que sujeta sus pechos. Se levanta, descarta su armadura y regresa a la batalla como la mujer llena de chi que es. Cuando por fin vuelve a su casa, su padre la recibe con estas conmovedoras palabras: «Un guerrero conoce a otro. Siempre estuviste ahí. Sin embargo, es la primera vez que te veo».

Las preguntas en este capítulo están profundamente relacionadas con la identidad. ¿Cuál es la verdad de tú y yo? ¿Hay algo además de nuestro cuerpo que defina nuestra cualidad de hombre o mujer: algo como la chi tal vez, que pertenece a los hombres pero que también puede transformar en guerrera a una mujer? ¿El género es binario o hay una escala? ¿Cómo pueden las personas que no sienten que encajan con su sexo biológico ser percibidas y conocidas por quiénes son en verdad? ¿Y qué enseña la Biblia al respecto?

Aunque en los carteles de nuestro vecindario, no hemos visto el dicho: «Las mujeres transgénero son mujeres», sí está grabado en el credo secular. En este capítulo, veremos que, si esta declaración es cierta, entonces «mujer» ya no tiene ningún sentido. Observaremos la larga historia de un pequeño grupo de hombres que experimentan una enajenación de su género que comienza en la infancia y que puede o no resolverse para la edad adulta, y un aumento reciente de muchachas adolescentes que se identifican como transgénero, a menudo sin ningún trasfondo conocido de disforia de género. Veremos que algunas personas nacen con condiciones de intersexualidad, pero que esto no significa que debamos abandonar la realidad de la diferencia entre el sexo masculino y el femenino. Reconoceremos que, aunque las personas que se identifican como transgénero tal vez no sean más vulnerables al homicidio (como se suele afirmar), sí son sumamente vulnerables al suicidio, así que es vital que los cristianos aborden estas cuestiones con empatía y cuidado. Pero veremos que, en lugar de ser una herramienta de odio y opresión, la Biblia realmente ofrece esperanza a aquellos que se sienten enajenados de su cuerpo.

CÓMO HARRY POTTER SE VOLVIÓ POLÍTICO

En diciembre de 2019, J. K. Rowling tuiteó su apoyo a Maya Forstater, una especialista en impuestos que perdió su trabajo por cuestionar un cambio en la ley británica que no requeriría un diagnóstico de disforia de género para cambiar el sexo de una persona según su certificado de nacimiento. Forstater había tuiteado su preocupación de que «expandir radicalmente la definición legal de "mujer", de manera que pueda incluir tanto a hombres como mujeres» lo transformaba en un «concepto absurdo» y terminaría «socavando los derechos de la mujer y las protecciones para mujeres y niñas vulnerables». Añadió:

> Algunas personas transgénero se someten a cirugía estética. Pero la mayoría conservan sus genitales de nacimiento. La igualdad y la seguridad de todos debería preservarse, pero las mujeres y las niñas salen perdiendo en cuanto a privacidad, seguridad y ecuanimidad si a los hombres se les permite entrar a cambiadores, residencias estudiantiles, prisiones y equipos deportivos.[1]

A Forstater la despidieron. Cuando perdió la apelación, Rowling respondió:

> Vístete como quieras.
> Llámate como más te guste.
> Acuéstate con cualquier adulto que haya dado su consentimiento.
> Vive como mejor te resulte en paz y seguridad.
> Pero ¿obligar a las mujeres a dejar su trabajo por declarar que el sexo es algo real?
> #EstoyConMaya #EstoNoEsUnSimulacro[2]

1. Maya Forstater (@MForstater), Twitter, 2 de septiembre de 2018, 6:08 p.m., https://twitter.com/mforstater/status/1036375233723330560.
2. J. K. Rowling (@jk_rowling), Twitter, 19 de diciembre de 2019, 7:57, https://twitter.com/jk_rowling/status/1207646162813100033.

Hasta hace poco, este tuit habría sido algo habitual en el ámbito liberal. Sin embargo, desató un torrente de ataques por parte de aquellos que lo vieron como un ataque a las identidades transgénero. A Rowling no le sorprendió. «Esperaba las amenazas de violencia —recordó—; que me dijeran que *estaba matando a los transgénero con mi odio,* que me llamaran [distintas profanidades misóginas]».[3] Pero los titulares se multiplicaron cuando Daniel Radcliffe (que protagonizó las películas de *Harry Potter*), disintió con Rowling: «Las mujeres transgénero son mujeres», declaró.[4] La pregunta es: ¿qué significa eso?

La respuesta puede parecer evidente. Radcliffe quiere decir que las personas que nacieron siendo hombre, pero que ahora se identifican como mujeres, deberían ser tratadas como mujeres en todo sentido. Si las mujeres transgénero son mujeres, se les debería permitir usar baños de mujeres, entrar a refugios para mujeres y competir en deportes femeninos. Cualquier otra cosa, según esta lógica, sería transfóbica y dañina. Pero, más allá de las inquietudes respecto a sus repercusiones, hay un problema más profundo con esta afirmación. Si es cierto que «las mujeres transgénero son mujeres», entonces ya no sabemos qué significa «mujer». En el capítulo 4, vimos que el eslogan: «Los derechos de las mujeres son derechos humanos» no vale nada si no *hay* derechos humanos. Ahora, el problema se intensifica. Si las mujeres transgénero son mujeres, entonces no existe el concepto de mujer.

¿QUÉ SIGNIFICA «MUJER»?

Hasta hace poco, «Soy mujer» era una declaración de sexo biológico. Las expresiones de género (masculinidad o femineidad) pueden variar. En mi cultura, tener cabello largo, usar falda y pintarse el rostro son

3.   J. K. Rowling, «*J. K. Rowling Writes about Her Reasons for Speaking out on Sex and Gender Issues*», JKRowling.com, 10 de junio de 2020, https://www.jkrowling.com /opinions/j-k-rowling-writes-about-her-reasons-for-speaking-out-on-sex-and-gender-issues.

4.   Daniel Radcliffe, «*Daniel Radcliffe Responds to J. K. Rowling's Tweets on Gender Identity*», The Trevor Project, 8 de junio de 2020, https://www.thetrevorproject.org/blog /daniel-radcliffe-responds-to-j-k-rowlings-tweets-on-gender-identity/.

señales de femineidad. Pero si miras la película clásica *Corazón valiente,* ¡verás guerreros varones con cabello largo, faldas y pintura en la cara! Sin embargo, más allá de la cultura, «Soy mujer» es una afirmación de sexo biológico. Pero, si las mujeres transgénero *son* mujeres, esto ya no es cierto: un hombre biológico —que puede haber tomado hormonas o haberse sometido a cirugía o no— puede ser tan mujer como yo.

Hace unos años, una oradora en una conferencia cristiana a la que asistí usó una analogía para describir los roles masculinos y femeninos. Nos pidió que imagináramos que estábamos construyendo un rascacielos. Los hombres eran los arquitectos y constructores: hacían el rascacielos. Las mujeres intervenían y decoraban. La analogía parecía tan desconectada de cualquier cosa que dice la Biblia que casi me levanto y me voy. Pero para tomar prestada esta metáfora errónea: si sacamos el sexo biológico de la definición de lo que es ser mujer, directamente golpeamos el edificio con una bola de demolición. Tenemos cuadros culturales para colgar, pero no tenemos paredes. Durante décadas, las feministas han hecho una diferencia entre el sexo biológico y los estereotipos culturales, creando espacio para que las mujeres vivan *como* mujeres de distintas maneras. Pero si sacamos nuestro cuerpo de la ecuación, esos estereotipos son lo único que nos queda.

Este desmontaje de la realidad corporal de la femineidad ha gestado un conflicto entre algunos activistas a favor de los transgénero y algunas feministas, las cuales se resienten a la vuelta a los estereotipos de género. Cuando Amnistía Internacional sacó una serie de carteles sobre los «derechos reproductivos», junto con el eslogan: «Apoyo a las personas en Polonia» con imágenes que señalaban femineidad, una feminista en Twitter observó:

> Lo más extraño de todo esto es cómo, en lugar de usar la palabra «mujer» para hacerse entender, producen un montón de caricaturas de mujeres con rasgos estereotipados de género, como un cabello largo y fluido, lápiz labial y pintura de uñas. Esto no es progreso.[5]

5. Victoria Freeman (@v_j_freeman), Twitter, 3 de noviembre de 2020, 3:31 a. m., https://twitter .com/pastasnack_e/status/1323547595839602688.

«Los derechos de las mujeres son derechos humanos» y «Las mujeres transgénero son mujeres» resultan ser compañeros incómodos, que terminan luchando por espacio ideológico. Respondiendo a un artículo que se refería a las «personas que menstrúan», Rowling bromeó: «Estoy segura de que solía haber una palabra para esas personas. Alguien que me ayude. ¿Wumben? ¿Wimpund? ¿Woomud?» [en referencia al termino *women,* en inglés, que significa: «mujeres»].[6] Poco después de revelar su experiencia de abuso doméstico, Rowling explicó: «Si el sexo no es real, la realidad vivida de las mujeres en todo el mundo queda borrada. Conozco y amo a personas transgénero, pero borrar el concepto del sexo elimina la capacidad de muchos de hablar de sus vidas en forma significativa. Decir la verdad no equivale a odio».[7] Sin embargo, sostener creencias feministas clásicas hoy en día implica ser rotulado: «feminista radical que excluye a las personas trans» (o TERF, por sus siglas en inglés), por parte de algunos activistas a favor de los transgénero. Hay feministas seculares que han perdido sus empleos, han sido canceladas como oradoras y su reputación ha sido manchada no por enemigos religiosos, sino por turbas furiosas de la izquierda progresista.

La convención de referirse a «la comunidad LGBT» puede sugerir que los que se identifican como LGBT+ están todos alineados. Pero a algunos homosexuales se los está llamando «transfóbicos» por expresar su preferencia por miembros de su sexo biológico y por expresar inquietud de que los derechos de la mujer están siendo comprometidos, y de que esos mismos chicos atraídos a personas de su mismo sexo están siendo obligados a cuestionar su género. Por ejemplo, en 2019, el activista británico a favor de los derechos homosexuales, Simon Fanshawe, abandonó la organización más grande de derechos LGBT en Europa (de la cual era uno de los miembros fundadores), diciendo que su nueva política transgénero arriesgaba

---

6. J. K. Rowling (@jk_rowling), Twitter, 6 de junio de 2020, 5:35 p. m., https://twitter.com/jk_rowling/status/1269382518362509313.

7. J. K. Rowling (@jk_rowling), Twitter, 6 de junio de 2020, 6:02 p. m., https://twitter.com/jk_rowling/status/1269389298664701952.

socavar «derechos y protecciones de las mujeres basados en el sexo», y objetando que se estaba desafiando a los niños en la escuela primaria a reconsiderar su identidad de género.[8] De manera similar, Fred Sargeant, que organizó la primera marcha de orgullo gay en Estados Unidos, proclama en su página de Twitter: «La homosexualidad es atracción al mismo sexo. El sexo biológico es una realidad. El sexo es binario, no una escala».[9]

Entonces, ¿qué dicen los activistas a favor de los transgénero al respecto? Una amplia gama de experiencias y perspectivas se agrupan bajo el paraguas transgénero: desde una persona transgénero mayor que me agradeció por la ternura con la cual había hablado de estas cuestiones después de una conferencia que di en Inglaterra el año pasado, hasta aquellos que habrían considerado cada una de mis palabras un discurso de odio. No hay una sola voz que hable por todos. Pero vale la pena escuchar lo que cada uno dice.

NO ME HARÁ FELIZ, Y NO TENDRÍA POR QUÉ HACERLO

En 2018, una semana antes de una cirugía optativa, la mujer transgénero Andrea Long Chu coescribió una de las columnas del *New York Times* mejores escritas que he leído. En «*My New Vagina Won't Make Me Happy. And It Shouldn't Have To*» [Mi vagina nueva no me hará feliz. Y no tendría por qué hacerlo], Chu declaró:

Hasta el día en que muera, mi cuerpo considerará la vagina como una herida; como resultado, requerirá atención habitual y dolorosa mantenerla. Esto es lo que quiero, pero no hay ninguna garantía de que me haga feliz. Es más, no espero que lo haga.

8. Nicholas Helen, «*"Anti-women" trans policy may split Stonewall*», *The Times*, 22 de septiembre de 2019, https://www.thetimes.co.uk/article/anti-women-trans-policy-may-split-stonewall-wfv2rp5cx.
9. Fred Sargeant, perfil de Twitter, última visita: 18 de noviembre de 2020, https://twitter.com/FredSargeant.

Con términos penosamente evocativos, Chu explicó la poca justicia que la definición de «disforia de género» (la angustia que sienten algunas personas ante la incongruencia entre su sexo biológico y la sensación interior de género) le hace a la experiencia:

> La disforia es como una imposibilidad de calentarse, no importa cuántas capas de ropa te pongas. Se parece al hambre sin apetito. [...] Se siente como un duelo. Se siente como no tener nada por qué llorar.

No soy la típica mujer. Hubo momentos en mi vida en los que sentí una profunda sensación de fracaso en la femineidad, como si fuera un deporte obligatorio en el cual soy terrible. A pesar de estos destellos de empatía, sentí cómo mi *falta* de comprensión crecía a medida que leía el ensayo de Chu. Los que no hemos experimentado la disforia de género no podemos esperar entenderla. A veces, amamos mejor a las personas al reconocer que no entendemos.

La mayoría de los activistas a favor de los transgénero cuentan historias con un final feliz. Pero Chu escribía sobre sentirse *más* deprimida y con tendencias suicidas después de tomar hormonas, sobre no esperar que la herida autoinfligida en el horizonte diera paso a una nueva era de felicidad, pero afirmó que igualmente creía que el deseo de una persona transgénero de realizarse cirugía no se le debería negar. El artículo termina diciendo: «En la transición, no hay buenos resultados. Solo hay personas que ruegan que se las tome en serio».[10]

Sorprendida por el argumento audaz y la prosa hipnotizante de este artículo, busqué otras obras de Chu. Lo que encontré me siguió impresionando con su marcada y segura autoría. Pero la brecha entre el punto de vista de Chu y el de cualquier feminista tradicional a medias se transformó en un abismo. El primer capítulo del libro debut de Chu comienza: «Todos son del género femenino», y termina: «Yo soy del género femenino. Y tú, querido lector, eres del género femenino,

---

10.   Andrea Long Chu, «*My New Vagina Won't Make Me Happy*», *The New York Times*, 22 de noviembre de 2018, https://www.nytimes.com/2018/11/24/opinion/sunday/vaginoplasty-transgender-medicine.html.

incluso —especialmente— si no eres una mujer. Bienvenido. Lo lamento».[11] Chu explica: «Definiré *género femenino* como una operación psíquica en la cual se sacrifica el yo para hacer lugar a los deseos de otro».[12] Aquí, encontramos no tanto un alegato de las mujeres transgénero para que las tomen en serio, sino más bien un astuto juego al explicar que, si vaciamos la realidad biológica de la palabra «mujer», realmente podemos decir cualquier cosa que se nos ocurra. Y aquí, al igual que en el artículo original, encontramos el predominio de la elección. No es que Chu haya elegido experimentar disforia de género. Nadie escogería una sensación tan profunda de enajenación de su propio cuerpo. Me refiero al predominio del derecho de elegir nuestro destino, incluso a expensas de la propia felicidad.

LA NUEVA MODA TRANSGÉNERO

En cierto aspecto, la experiencia de Chu es típica. Desde que los expertos empezaron a documentar la disforia de género, se ha observado predominantemente en una pequeña minoría de hombres biológicos que sienten incomodidad con su género desde la infancia. En el caso de la mayoría, la disforia se resuelve para la adultez. Pero en algunos, no se resuelve.[13] Sin embargo, en los últimos años, el desequilibrio de género se ha dado vuelta. Entre 2016 y 2017, la cantidad de cirugías de género realizadas en mujeres en Estados Unidos creció un 289%, al punto de que las *mujeres* biológicas fueron responsables del 70% de todas las cirugías de cambio de género.[14] En Reino Unido,

---

11.   Angela Long Chu, *Females: A Concern* (Brooklyn, NY: Verso, 2019), 1-2.

12.   Chu, *Females*, 11.

13.   No hay consenso respecto a las cantidades exactas, pero parece que la mayoría de las personas que experimenta disforia de género en la infancia descubre que se resuelve para la adultez. Ver, por ejemplo, J. Ristori y T. D. Steensma, «Gender Dysphoria in Childhood», *International Review of Social Psychiatry* 28, n.º 1 (2016):13-20.

14.   En Estados Unidos, en 2016, se realizaron 1759 cirugías de cambio de hombre a mujer, contra 2483 en 2017; un aumento del 40%. En el mismo año, las cirugías de mujer a hombre aumentaron de 1497 a 5821; un aumento del 289%. Ver «2017 *Plastic Surgery Statistics Report*», American Society of Plastic Surgeons, https://www.plasticsurgery.org/documents/News/Statistics/2017

la década de 2008 a 2018 vio un aumento del 4400% en la cantidad de muchachas adolescentes que buscaban tratamientos de cambio de género, en comparación con la década anterior.[15] Entonces, ¿qué está pasando?

Algunos argumentan que una mayor aceptación social les ha dado a las muchachas el valor de hacer la transición: la proporción de «chicos trans» no ha aumentado, sino que el cambio social les ha permitido revelar lo que sentían. Otros creen que hay más en juego. La reportera Abigail Shrier observa que muchas adolescentes que ahora se identifican como muchachos, o que usan términos como «no binario», «persona no conforme con su género» o *genderqueer*, no habían mostrado señales anteriores de disforia. Argumenta que, gran parte de lo que estamos viendo es muchachas adolescentes que luchan con adaptarse a su cuerpo femenino en desarrollo y a menudo a otros desafíos de salud mental, y que buscan aceptación social al identificarse como trans. En *Irreversible Damage: The Transgender Craze Seducing our Daughters* [Daño irreversible: la locura transgénero que seduce a nuestras hijas], Shrier compara «la disforia de género de comienzo rápido» en las muchachas con la anorexia, y sugiere que la cantidad cada vez mayor de chicas que buscan drogas para bloquear la pubertad, que toman testosterona y se hacen quitar los senos se están infligiendo alguna forma de autodaño.[16]

Shrier no tiene ningún interés personal en esto. No tiene ningún hijo que se identifique como trans. Es judía, no tiene ninguna motivación religiosa en particular y cree que, en el caso de una minoría de personas con una disforia de género severa y duradera, la intervención

/body-contouring-gender-confirmation-2017.pdf. Ver también Madison Aitken, Thomas D. Steensma, Ray Blanchard, et al., «*Evidence for an Altered Sex Ratio in Clinic-Referred Adolescents with Gender Dysphoria*», *The Journal of Sexual Medicine* 12, n.º 3 (marzo de 2015): 756-63, https://doi.org/10.1111/jsm.12817.

15.   Gordon Rayner, «*Minister orders inquiry into 4,000 per cent rise in children wanting to change sex*», *The Telegraph*, 16 de septiembre de 2018, https://www.telegraph.co.uk//politics/2018/09/16/minister-orders-inquiry-4000-per-cent-rise-children-wanting.

16.   Ver Abigail Shrier, *Irreversible Damage: The Transgender Craze Seducing our Daughters* (Washington, DC: Regnery Publishing, 2020), 33, 136.

médica está justificada. Pero no cree que se debería alentar a las muchachas adolescentes a tomar decisiones que alteran la vida y destruyen la fertilidad. Eso es exactamente lo que está sucediendo. Como ahora, a los terapeutas se les exige que afirmen la identidad trans que declara un adolescente, a muchachas que tal vez tengan otras luchas de salud mental se les ofrece drogas para bloquear la pubertad, testosterona y, en última instancia, mastectomías para entrar a la tierra prometida de la masculinidad, mientras que a sus padres se les dice que detenerlas las llevará a suicidarse.[17]

Un estudio que se citó muchísimo les preguntó a las personas que se identifican como trans: «¿Algún profesional (como un psicólogo, consejero o asesor religioso) intentó que te identificaras solo con el género que se te asignó al nacer (en otras palabras, intentó evitar que fueras trans)?», y descubrió que aquellos que respondían que sí informaban una peor salud mental que aquellos que contestaban que no.[18] Pero el estudio tenía muchos problemas metodológicos, como por ejemplo, no corregir según las condiciones subyacentes de salud mental, algo que puede haber llevado a un profesional a cuestionar la identidad trans de la persona.[19]

La incidencia de intentos de suicidio entre las adolescentes que se identifican como transgénero es extremadamente alta. Un estudio descubrió que las adolescentes trans que cambian de mujer a hombre tienen una tasa de intento de suicidio del 50,8% —la más alta de cualquier categoría—, seguida por aquellos que no se identifican plenamente ni como hombres ni como mujeres (41,8%), y luego por

17. Como señala Shrier, casi todas las organizaciones con certificación médica han defendido el «atención con afirmación de género» como el estándar para tratar a aquellos que se identifican como transgénero. Shrier, *Irreversible Damage*, 98.

18. Jack L. Turban, Noor Beckwith, Sari L. Reisner, et al., *«Association between recalled exposure to gender identity conversion efforts and psychological distress and suicide attempts among transgender adults»*, *JAMA Psychiatry* 77, n.º 1 (11 de septiembre de 2019): 68-76, https://doi. org/10.1001/jamapsychiatry.2019.2285.

19. Ver Roberto D'Angelo, Ema Syrulnik, Sasha Ayad, Lisa Marchiano, Dianna Theadora Kenny y Patrick Clarke, *«One Size Does Not Fit All: In Support of Psychotherapy for Gender Dysphoria»*, *Archives of Sexual Behavior* (2020), https://doi.org/10.1007/s10508-020-01844-2.

los adolescentes trans que cambian de hombre a mujer (29,9%).[20] Los que ven la identidad transgénero como algo bueno y auténtico le echan la culpa de estos números a una falta de aceptación social. Por eso se les dice a los padres que tienen que afirmar la identidad de sus hijos, y por lo cual se acusa a Rowling de «matar a los transgénero con [su] odio». Esta clase de acusación se suele combinar con la alegación de que las personas que se identifican como trans son asesinadas en un porcentaje desproporcionado. Por ejemplo, la carta pública de Elliot Page (anteriormente, Ellen) para revelarse como trans llamó a las estadísticas de asesinatos trans «alarmantes» y vinculó este odio asesino con las altas tasas de ideas suicidas entre personas que se identifican como trans.[21] Pero, aunque es posible que no se hayan informado todos los homicidios de personas trans, la evidencia disponible *no* muestra que a los trans se los asesine de manera desproporcionada.[22]

Desde la otra dirección, aquellos que ven las identidades transgénero como dañinas se verán tentados a ver que los niveles de intento de suicidio entre jóvenes que se identifican como trans es tan solo evidencia de que identificarse como trans es malo para los niños y enmascara inquietudes de salud mental, descartando así el rol que

20. Russell B. Toomey, Amy K. Syvertsen, Maura Shramko, «*Transgender Adolescent Suicide Behavior*», *Pediatrics* 142, n.º 4, octubre de 2018, https://pediatrics.aappublications.org/content/142/4/e20174218.

21. Elliot Page (@elliotpage), Instagram, 1 de diciembre de 2020, https://www.instagram.coQ1QFBhNFg.

22. Como lo expresa un informe de 2017: «Los hallazgos sugieren que las personas transgénero en general tal vez no tengan un mayor riesgo de ser asesinadas que las personas cisgénero, pero que es casi seguro que las jóvenes transgénero de color se enfrentan a una mayor probabilidad de ser asesinadas». Rebecca L. Stotzer, «*Data Sources Hinder Our Understanding of Transgender Murders*», *American Journal of Public Health* 107, n.º 9 (septiembre de 2017): 1362-63, https://www.ncbi.nlm.nih.gov/pmc/articles/PMC5551619. La mayoría de las víctimas de homicidio que se identificaban como trans son mujeres trans negras, las cuales son más vulnerables debido a su raza, y el 42% de las mujeres trans negras informan haber participado del trabajo sexual por una remuneración, lo cual las hace más vulnerables. Ver Gina Martinez y Tara Law, «*Two Recent Murders of Black Trans Women in Texas Reveal a Nationwide Crisis, Advocates Say*», *Time*, 5 de junio de 2019, https://time.com/5601227/two-black-trans-women-murders-in-dallas-anti-trans-violence.

juega la intimidación y la falta de empatía. Estas cuestiones tienen tal carga política que es difícil llevar a cabo una investigación vital, y no hay campos ideológicos limpios. Muchos de los padres a los que entrevistó Shrier eran liberales seculares que afirmaban el matrimonio gay y los derechos transgénero, pero no creían que sus hijas fueran trans.

Sean cuales sean nuestras convicciones, las vidas de estos jóvenes son importantes. Burlarse de aquellos que luchan con la identidad de género o desestimarlos nunca es el enfoque adecuado. Pero alentar a las jovencitas emocionalmente vulnerables a someterse a tratamientos médicos que distorsionarán sus cuerpos en desarrollo y afectarán sus mentes en desarrollo tampoco es un acto de amor.

Incluso desde una perspectiva secular, hay preguntas reales respecto a lo que se debería afirmar y a lo que no en la comprensión de una persona sobre sí misma; en especial, si todavía no ha alcanzado la adultez. Para muchos, la primacía de la libertad individual es una convicción central. Sin embargo, la mayoría quisiera evitar que los niños se mataran, murieran de hambre o se cortaran. ¿El rechazo que siente una adolescente de su cuerpo femenino es un triunfo para la libertad y la autenticidad, o un anhelo trágico nacido de una misoginia internalizada o una depresión sin tratar? ¿Dónde debería buscar para encontrar la verdad de su identidad de género: en su cuerpo, o quizás en las redes sociales? Si toma drogas que bloquean la pubertad —las cuales, según observa Shrier, casi siempre van seguidas de testosterona—, ¿sus sentimientos resultantes mostrarán que en realidad nunca fue mujer o trastornarán un cuerpo femenino normal? ¿Y qué sucede con las identidades no binarias?

¿BINARIO O NO BINARIO? ¿CUERPO O ALMA?

La serie de ciencia ficción británica *Doctor Who* es uno de mis programas favoritos. El personaje principal es un extraterrestre que viaja por el tiempo, tiene dos corazones, un cerebro sin límites y una oportuna habilidad de regenerarse a un cuerpo nuevo, en casos donde tú y yo simplemente habríamos muerto. Durante décadas, el doctor se ha regenerado a medida que nuevos actores han asumido el papel. Pero en la encarnación más reciente, el doctor se transformó en mujer. Esto quizás parezca un desarrollo a favor de los trans. Sin embargo, el mensaje parece ser que la mente del doctor *no* tenía género y podía unirse sin problemas a un cuerpo masculino o femenino, algo que en realidad no se alinea demasiado con el pensamiento transgénero.

Aunque algunas personas trans rechazan el «binarismo de género», el eslogan que reza: «Las mujeres transgénero son mujeres» refuerza la idea de que uno es hombre o mujer. La declaración no es que las mujeres trans se encuentran en alguna parte de una escala, sino que son mujeres. No hay medias tintas. Algunos intentan arraigar esta perspectiva en la ciencia, sugiriendo una realidad biológica subyacente a la disforia de género: tal vez hay un «cerebro masculino» y un «cerebro femenino», y las mujeres trans tienen cerebros femeninos. Esto vuelve a dar que hablar a las feministas y, científicamente hablando, es muy cuestionable. Cualquier leve variación entre el cerebro del hombre y el de la mujer representa promedios, no desconexiones importantes.[23]

Otros afirman que las mujeres trans son *realmente* mujeres, no debido a una realidad biológica que se podría verificar científicamente, sino porque la psicología supera a la biología. Esta convicción es extrañamente espiritual. Muchas personas seculares creen en la ciencia como el árbitro supremo de la verdad y afirman que los seres humanos no tienen alma. Pero la noción de una realidad no física que defina nuestro género y pueda o no alinearse con nuestro cuerpo va en contra de este marcado materialismo, y una vez más, afirma el binario de hombre-mujer. Una vez que separamos nuestra «identidad de género» de cualquier cosa conectada con la biología, se torna imposible de identificar.

Antes de una cita reciente con el médico, me pidieron que declarara mi «sexo asignado al nacer» y mi «identidad de género». Los

---

23. Ver Lise Eliot, «*Neurosexism: the myth that men and women have different brains*», *Nature*, 27 de febrero de 2019, https://www.nature.com/articles/d41586-019-00677-x.

defensores transgénero suelen hablar como si la «identidad de género» fuera algo más profundamente real sobre la persona que el sexo biológico. Por ejemplo, un video educativo para Pink News describe la angustia que alguien puede sentir al ser «confundido por el género que le fue asignado al nacer, en lugar de su *verdadero* género». Este marco separa el cuerpo de la identidad y nos deja preguntándonos: «¿Quién asignó este *verdadero* género?». Según la mayoría de los activistas, la identidad de género no se elige, sino que se descubre. Se trata de aquello que los trans son *en realidad,* no de algo que decidieron ser. Pero, desligado del sexo biológico, también puede ser un objetivo en movimiento. «Muchos suponen equivocadamente que el sexo define el género —explica una guía para los aliados del transgénero—, cuando, en realidad, la identidad de género es una experiencia viva y en crecimiento que puede cambiar con el tiempo».[24] Según esta definición, las mujeres transgénero tal vez solo sean mujeres por un tiempo, ya que su identidad de género puede cambiar.

En este marco de referencia, no está claro qué significa el género precisamente. La misma guía ofrece esta definición: «El género describe nuestra comprensión interior y la experiencia de nuestra propia identidad de género».[25] Pero esto tan solo plantea la pregunta: «Entonces, ¿qué es la identidad de género?». Una encarnación anterior del doctor Who tuvo que explicar el tiempo una vez:

> La gente supone que el tiempo es un progreso estricto de causa a efecto, pero en realidad, desde una perspectiva no linear y no subjetiva, se parece más a una gran bola de cosas elasti-girantes… tiempocao-tambaloooao.

«Desde allí, se me escapó», concluye. Separado del sexo biológico, el género se transforma en nada más que una nebulosa. Lo único que nos quedan son los estereotipos. Pero quizás esto no sea ninguna

---

24. Citado de *«Guide to Being an Ally to Transgender and Nonbinary Youth»*, The Trevor Project, https://www.thetrevorproject.org/wp-content/uploads/2020/03/Guide-to-Being-an-Ally-to-Transgender-and-Nonbinary-Youth.pdf.
25. Citado de *«Guide to Being an Ally to Transgender and Nonbinary Youth»*, The Trevor Project.

sorpresa. Si le quitamos la convicción en un Dios creador, el pensamiento secular moderno no puede darnos una explicación coherente de lo que es un ser humano, de por qué somos más que un conjunto de células, o de cómo nos diferenciamos de los animales. No es ninguna sorpresa que no pueda decirnos lo que significa ser hombre o mujer.

Cada vez más personas hoy en día se inclinan a la nebulosa de la identidad de género y usan términos como «no binario», «persona no conforme con su género», o «*genderqueer*». La gente varía en cuanto a si ven estas identidades como expresiones de realidades biológicas o psicológicas, o sencillamente rechazos de las normas culturales. Pero algunos afirman que, incluso en un ámbito biológico, el sexo no es como un interruptor de encendido y apagado, sino más bien como un regulador de luz, donde en un extremo de la escala está lo plenamente masculino y en el otro extremo, lo plenamente femenino. Para argumentar a favor de esta perspectiva, citan la realidad de que algunas personas nacen intersexuales.

LAS PERSONAS INTERSEXUALES Y EL BINARISMO DE GÉNERO

«Intersexual» describe a alguien nacido con rasgos atípicos de su anatomía sexual o cromosomas sexuales. Según qué condiciones se tengan en cuenta, las estimaciones de la proporción de personas nacidas intersexuales varía en gran manera, desde un 1,7% a un 0,018%.[26] Los estimados más altos incluyen a personas con cualquier clase de desorden o diferencia de desarrollo sexual (los cuales pueden ser conscientes de esto o no), mientras que los estimados más bajos restringen la intersexualidad para describir a personas cuyos órganos sexuales no se pueden clasificar como masculinos o femeninos, o cuyo sexo cromosómico no se corresponde con su anatomía. Por ejemplo, hace

---

26.   Ver Leonard Sax, «*How common is intersex? a response to Anne Fausto-Sterling*», *The Journal of Sex Research* 39, n.º 3 (agosto de 2002): 174-78, https://doi.org/10.1080/00224490209552139.

unos años, una amiga mía dio a luz a un bebé cuyo cuerpo parecía en líneas generales femenino, pero que resultó ser cromosómicamente masculino. Sin embargo, ya sea que este término deba aplicarse a una persona de cada 60 o a una de cada 6000, hay gente que sin duda nace con condiciones intersexuales significativas. ¿Es esta la llave para abrir los grilletes que nos han apresado al binarismo de género?

Primero, es importante para los cristianos reconocer que las personas intersexuales son seres humanos preciosos hechos a imagen de Dios —no peones en una lucha política—, y que muchos de nosotros somos ignorantes respecto a las condiciones intersexuales y a la hora de distinguirlas de las identidades transgénero. Los padres cristianos de niños intersexuales a menudo se sienten aislados al enfrentar los desafíos únicos de criar a sus hijos, y tal vez de tener que explicarles a temprana edad que no podrán tener hijos biológicos.

No obstante, en segundo lugar, afirmar que los bebés que nacen intersexuales refutan la realidad del binarismo hombre-mujer pasa por alto que es solamente *debido* al binarismo hombre-mujer que estos bebés siquiera existen. En septiembre de 2019, una mujer embarazada publicó una serie de fotos parodiando las revelaciones de género. En una foto, sostenía globos que decían: «El género es un constructo». Pero, aunque gran parte de lo que asociamos con el género está determinado por la cultura, el sexo biológico no lo está. De acuerdo con una publicación anterior de Facebook, el embarazo de esta mujer había sido posible gracias a una donación de esperma, en vez de una relación sexual. Sin embargo, la realidad sigue siendo que el bebé en su vientre existe debido al binarismo sexual, y que, si algún día, ese niño tiene hijos biológicos, eso solo se deberá a ese binarismo. Hoy en día, las personas suelen presentar el binarismo sexual como algo *opresivo*. Pero en su centro mismo, el sistema binario de hombre-mujer es *creativo*. En vez de ir en contra de la diversidad, Dios nos creó de manera que una profunda intimidad entre esta diversidad genere nueva vida.

Entonces, ¿dónde deja esto a las personas que presentan condiciones intersexuales? ¿Qué le dice la Biblia al hijo de mi amiga? ¿Y qué le dice a la mujer trans que se me acercó después de mi charla en una conferencia cristiana, o a Andrea Long Chu, la cual fue criada presbiteriana, o a las adolescentes que toman testosterona? ¿Acaso la Biblia dice algo sobre las situaciones complejas de hoy?

LA DIFÍCIL ENSEÑANZA DE JESÚS

Como ya hemos visto, las primeras palabras de la Biblia sobre el sexo y el género son que Dios creó a los humanos —hombre y mujer— a Su imagen (Gén. 1:26-27). Cuando los fariseos le preguntan a Jesús: «¿Está permitido que un hombre se divorcie de su esposa por cualquier motivo?», Él responde:

> «¿No han leído [...] que en el principio el Creador "los hizo hombre y mujer", y dijo: "Por eso dejará el hombre a su padre y a su madre, y se unirá a su esposa, y los dos llegarán a ser un solo cuerpo"? Así que ya no son dos, sino uno solo. Por tanto, lo que Dios ha unido, que no lo separe el hombre». (Mat. 19:4-6)

Jesús afirma tanto el binarismo de hombre y mujer en la creación *como también* la unión del hombre *a* la mujer en el matrimonio. Los fariseos intentan atraparlo preguntando por qué Moisés permitía el divorcio. Jesús responde: «por lo obstinados que son», y añade: «Les digo que, excepto en caso de inmoralidad sexual, el que se divorcia de su esposa, y se casa con otra, comete adulterio» (Mat. 19:8-9). A veces, a Jesús se lo distorsiona y se hace que parezca que no le importaba la ética sexual. Pero aquí, al igual que en el Sermón del Monte, Jesús no relaja la ley del Antiguo Testamento sobre la fidelidad sexual. La intensifica.

En el contexto de Jesús, así como en el nuestro, este fuerte repudio del divorcio es contracultural. Sus discípulos responden: «Si tal es la situación entre esposo y esposa [...], es mejor no casarse» (v. 10). Jesús responde:

> —No todos pueden comprender este asunto [...], sino solo aquellos a quienes se les ha concedido entenderlo. Pues algunos son eunucos porque

nacieron así; a otros los hicieron así los hombres; y otros se han hecho
así por causa del reino de los cielos. El que pueda aceptar esto, que lo
acepte. (Mat. 19:11-12)

Aunque una cantidad cada vez mayor de personas en nuestra cultura
se identifican como transgénero, sería difícil encontrar a un occidental
del siglo XXI que se identificara como eunuco. Entonces, ¿qué quiere
decir Jesús?

Como vimos en el capítulo 1, los eunucos eran hombres que
habían sido castrados para cumplir alguna función cultural. Aunque
se seguían identificando como hombres, se les había quitado la posibilidad de la paternidad y posiblemente del matrimonio. La alusión
de Jesús a eunucos que «los hicieron así los hombres» se refiere a esto.
La ley mosaica prohibía que los eunucos entraran al templo de Dios,
pero la iglesia los aceptó por completo. Es más, una de las primeras
historias de conversión que leemos en Hechos es la de un eunuco
(Hech. 8:26-40). Pero Jesús también describe a otros dos grupos: los
que eran eunucos «porque nacieron así» y aquellos que «se han hecho
así por causa del reino de los cielos». ¿Qué significa esto?

Primero, debemos observar que, mientras que Jesús afirmó el binarismo sexual en la creación, también reconoció que algunas personas
no están equipadas con los órganos sexuales típicos porque *nacieron
así*. Al igual que los eunucos castrados, estas personas probablemente
no se casarían y experimentarían diversas formas de exclusión social.
Sin embargo, se las aceptaba plenamente entre el pueblo de Dios.
Las palabras de Jesús ofrecen una verdad vital para los cristianos con
condiciones intersexuales. Nuestro valor como cristianos no está atado
a nuestra capacidad reproductiva. Está atado a Cristo.

Segundo, aunque la respuesta de Jesús a los fariseos apoya firmemente el matrimonio, Su respuesta a los discípulos apoya a aquellos
que «se han hecho [eunucos]» —que han sacrificado el matrimonio y
la paternidad— «por causa del reino de los cielos». Para los hombres
judíos de la época de Jesús, edificar una familia era una prioridad
absoluta. Pero, aunque Jesús tiene en tan alta estima el matrimonio
que los discípulos quedan impactados, también coloca el reino de

Dios antes que el matrimonio y la familia (por ej., Mat. 19:29). Algunos creyentes, tanto entonces como ahora, sirven mejor a Dios como solteros. Pablo fue un ejemplo asombroso de una soltería fructífera. Pero ¿cómo sabemos que Jesús no se refería a castrarse a uno mismo por causa del reino de los cielos, como sugieren algunos defensores de la gente transgénero?[27]

La castración voluntaria era una práctica religiosa conocida en la época de Jesús, pero estaba asociada con sectas paganas. Tom Holland describe una secta en la Galacia del primer siglo de la siguiente manera:

> Los *galos*, hombres vestidos como mujeres, eran siervos de Cibeles, la diosa madre que se sentaba entronada en medio de las cumbres más altas de Galacia; y la marca de su sumisión a la diosa más poderosa y venerable de la región era cortarse los testículos con un cuchillo hecho de piedra afilada.[28]

Al escribir a los cristianos en Galacia, Pablo argumenta enérgicamente contra aquellos que afirmaban que los creyentes gentiles debían circuncidarse, y bromea: «¡Ojalá que esos instigadores acabaran por mutilarse del todo!» (Gál. 5:12). Esta bien puede ser una referencia crítica a los galos. Como Pablo rechazaba incluso la circuncisión de los gentiles como una demostración de devoción a Cristo, la idea de que Jesús se refiriera a la castración como una forma de expresar pleitesía al reino de los cielos es impensable. Pero ¿qué sucede con la frase más conocida de la carta de Pablo a los gálatas, en la cual se rompen los límites de hombres y mujeres?

NI HOMBRE NI MUJER, TODOS UNO EN CRISTO

La circuncisión marcaba a los hombres judíos como herederos de las promesas de Dios a Abraham. Pero en Gálatas, Pablo argumenta que

27. Ver, por ejemplo, Austen Hartke, *Transforming: The Bible and the Lives of Transgender People* (Westminster John Knox: Louisville, 2018), 106-8.
28. Holland, *Dominion*, 83.

solo Jesús es «la descendencia de Abraham». Este es el contexto para estas líneas gloriosas y vivificantes:

> Ya no hay judío ni griego, esclavo ni libre, hombre ni mujer, sino que todos ustedes son uno solo en Cristo Jesús. Y, si ustedes pertenecen a Cristo, son la descendencia de Abraham y herederos según la promesa. (Gál. 3:28-29)

Los gentiles no necesitan la circuncisión para entender las promesas de Dios. Los esclavos, que no heredaban en el mundo antiguo, se transforman en «hijos de Dios». Las mujeres son tan herederas de Abraham como los hombres judíos. El matrimonio (a lo cual algunos comentaristas creen que se refería Pablo al decir «hombre ni mujer») no es un requisito. Cualquiera —más allá de su trasfondo étnico, su herencia religiosa, su estatus social, su sexo biológico o estado civil— puede estar en Cristo. Jesús se encarga de eso.

Entonces, ¿en Cristo se borran las diferencias entre hombre y mujer? No. Pablo afirma claramente la igualdad espiritual de hombres y mujeres en Gálatas 3:28. Pero en muchos otros pasajes, distingue entre los roles de hombres y mujeres (Ef. 5:22-33). Usar Gálatas 3:28 para justificar la obliteración de hombre y mujer sería como usarlo para justificar el sexo promiscuo entre creyentes sobre la base de que todos somos *un cuerpo* en Cristo. Debemos entender las palabras de Pablo en el contexto de toda la carta, y de todo el Nuevo Testamento.

NO HAY MATRIMONIO EN EL CIELO

Otro texto al cual a veces apelan las personas para argumentar que la Biblia borra la distinción entre hombres y mujeres es la conversación de Jesús con los saduceos, que no creían en la resurrección futura. Los saduceos describieron a una mujer que quedó viuda siete veces y le preguntaron a Jesús quién sería su esposo en la resurrección. Jesús respondió:

... Ustedes andan equivocados porque desconocen las Escrituras y el poder de Dios. En la resurrección, las personas no se casarán ni serán dadas en casamiento, sino que serán como los ángeles que están en el cielo. (Mat. 22:29-30)

Algunos alegan que esto significa que en la nueva creación ya no seremos hombres ni mujeres, entonces ahora la identidad de transgénero es válida. Pero Jesús no está hablando del sexo biológico, sino del matrimonio. Como ya vimos en el capítulo 2, el matrimonio señala a una realidad superior. Cuando lleguen las bodas del Cordero, ya no necesitaremos el matrimonio humano. La ausencia de las relaciones sexuales en la nueva creación cambiará uno de los aspectos de la manera en que muchos de nosotros existimos como humanos, tanto hombres como mujeres. Pero esto no significa que se elimine la distinción entre hombre y mujer. Los ángeles que se nos presentan en la Biblia están representados como varones.[29] Y la única persona a la que vemos progresar a través de la muerte a la vida de resurrección (en vez de ser simplemente traído de regreso desde los muertos) es Jesús, que siguió siendo hombre. Dios nos hizo hombres y mujeres desde el principio. La resurrección prometida de nuestros cuerpos masculinos y femeninos es la prueba suprema de que estos son realmente buenos, y de que representan nuestra verdadera esencia.

LO BUENO DEL CUERPO

Cuando nació el cristianismo en el primer siglo, uno de sus distintivos era la convicción en lo bueno del cuerpo. Muchos sistemas contemporáneos de creencias prometían un escape de la carne. Por ejemplo, el filósofo griego Platón enseñaba que la recompensa suprema para el alma humana era ser promovida a una dicha incorpórea, mientras que las almas que carecían de virtud podían reencarnarse como mujeres, y posiblemente desde ahí ir bajando por la cadena de animales. Dentro

---

29. Por ejemplo, el ángel Gabriel, el cual le dice a María que tendrá un bebé.

de este marco, el alma estaba mejor sin el cuerpo, y los cuerpos de los hombres eran mejores que los de las mujeres.

Esto no es lo que enseña la Biblia.

En la Biblia, tanto hombres como mujeres entran al reino de Dios *como* hombres y mujeres, porque están en Cristo. Tanto el hombre como la mujer fueron creados a imagen de Dios. En vez de considerar nuestro cuerpo como una prisión de la cual escapar, la Biblia afirma que el ser espiritual supremo *se hizo* carne en la persona de Jesús: no solo por un tiempo, sino para siempre. La promesa del cristianismo no es la de un alma eterna e incorpórea. Es la promesa de un cuerpo resucitado.[30]

Esta visión integrada de la humanidad, que ancla la verdadera esencia al cuerpo, va en contra de la ideología transgénero, que separa nuestro «sexo asignado en el nacimiento» de nuestra verdadera «identidad de género». Y ofrece una alternativa a la experiencia de pseudorresurrección prometida por la transición. Para las personas que se identifican como trans hoy en día, tomar hormonas y someterse a cirugías para ajustar su cuerpo a la supuesta realidad más profunda de su identidad de género no se percibe como un ataque, sino como sanidad: lograr que el cuerpo y el ser estén en armonía. Hacer la transición (ya sea en lo social como en lo quirúrgico) es una especie de resurrección. Llamar a alguien usando su nombre anterior a la transición se conoce como *deadnaming* [llamar por un nombre muerto].

Entonces, ¿qué esperanza alternativa ofrece el cristianismo a aquellos que se sienten enajenados de su cuerpo, como si su verdadera identidad no se ve, como si hubiera algo en lo profundo de su ser que no coincide con su carne?

---

30. Aun cuando Jesús les advirtió a Sus seguidores que no temieran «a los que matan el cuerpo, pero no pueden matar el alma», reforzó la idea de que el alma y el cuerpo están juntos después de la muerte: «Teman más bien al que puede destruir alma y cuerpo en el infierno» (Mat. 10:28).

UNA ESPERANZA DOLOROSA DE RESURRECCIÓN

Con mis primeros dos bebés, la anestesia epidural funcionó. Pasé las primeras horas de trabajo de parto gimiendo cada vez que tenía una contracción. Pero, cuando llegué al hospital, gracias a una benévola aguja, el dolor se detuvo. Mi cuerpo siguió haciendo su trabajo. Yo descansé hasta que llegó el momento de pujar. Con mi tercer hijo, la epidural no funcionó. Cuando entré a la etapa conocida como transición, mi cuerpo empezó a comportarse de la manera extraña en que se comporta el cuerpo de una mujer durante el parto: me sacudía y temblaba. Tenía terror a las contracciones cada vez más frecuentes. Pero cuando nació mi hijo, mi dolor —por fin— dio su fruto. Pablo usa esta misma experiencia para ayudar a los cristianos romanos a entender su sufrimiento:

> Sabemos que toda la creación todavía gime a una, como si tuviera dolores de parto. Y no solo ella, sino también nosotros mismos, que tenemos las primicias del Espíritu, gemimos interiormente, mientras aguardamos nuestra adopción como hijos, es decir, la redención de nuestro cuerpo. (Rom. 8:22-23)

La Biblia cuenta una historia en la cual nuestros cuerpos, seamos hombre o mujer, son creados como algo muy bueno. Pero el pecado nos ha apartado de Dios y nos ha enajenado de Su mundo, los unos de los otros y de nuestra propia carne. Incluso los que nacemos con un cuerpo saludable descubriremos que el cuerpo nos decepciona, nos hace sufrir y, al final, expira. Para los que confían en Cristo, la redención de nuestros cuerpos se acerca. Ser cristiano ahora es gemir en nuestro interior y esperar con ansias, como una madre en trabajo de parto. Pero cuando llegue aquel día, todo el dolor, la pérdida o la desilusión que sentimos ahora desaparecerá. No importa cuán enajenados nos sintamos de nuestra carne, esta será redimida. Y lo sabemos debido a la obra dolorosa y agonizante del hombre más increíble que murió jamás.

Verás, en el centro del cristianismo, está la muerte espantosa y la resurrección abrumadora de la verdadera imagen del Dios invisible (Col. 1:15). Jesús fue el hombre perfecto. Pero no era ningún estereotipo de género. Tenía el poder para acallar tormentas, mandar a los ángeles y matar a la muerte. Sin embargo, sostuvo bebés en brazos, Sus manos sanaron enfermos y Sus palabras trajeron consuelo a los cansados, rechazados y débiles. Cuando Su amigo Lázaro murió, Jesús lloró. Al igual que una mamá gallina que junta a sus polluelos bajo sus alas, Jesús anhelaba juntar a los hijos de Jerusalén bajo Su protección (Mat. 23:37). Según Jesús, para ver el reino de Dios, hay que nacer de nuevo (Juan 3:3).

Ningún seguidor de Jesús tiene por qué adherir a estereotipos rígidos de género, según los cuales los hombres hacen rascacielos y las mujeres decoran sus paredes. En cambio, tenemos que aferrarnos a nuestro Salvador. Él es quien nos conoce hasta lo más profundo y nos ama hasta la muerte y más allá. Él hizo nuestro cuerpo, y es el dueño de nuestro corazón. Nuestra identidad más profunda yace en Él. «Pues ustedes han muerto y su vida está escondida con Cristo en Dios», escribe Pablo. «Cuando Cristo, que es la vida de ustedes, se manifieste, entonces también ustedes serán manifestados con él en gloria» (Col. 3:3-4).

Para aquellos que se sienten enajenados de su sexo, que sienten que no pueden calentarse dentro de su propio cuerpo, sin importar cuántas capas se pongan, Jesús ofrece esperanza. No una esperanza de un cuerpo con un sexo diferente, sino la esperanza de una nueva realidad que ya no se sienta como dolores de parto. La persona transgénero que conocí después de mi charla en Inglaterra me agradeció por tratar estas cuestiones con ternura. Pero la ternura de Jesús sobrepasa ampliamente la nuestra. Es la ternura del Dios que compara Su amor con el de una madre que amamanta (Isa. 49:15). Podemos confiarle a este Dios nuestro cuerpo, sin importar cuán desconectados nos sintamos de él, porque el Señor nos ama con amor eterno. Un día, Él limpiará toda lágrima de nuestros ojos y hará nuevo nuestro cuerpo que gime.

Cuando Mulán regresó a su ciudad natal, su padre, cuyo lugar había tomado en la batalla, le dijo: «Un guerrero conoce a otro. Siempre estuviste ahí. Sin embargo, es la primera vez que te veo». Pero cuando veamos a Jesús, regresaremos a Aquel que nos formó en el vientre de nuestra madre, y que tomó nuestro lugar cuando murió en la cruz. Nos ha visto cada día de nuestras vidas y nos conoce mejor que nosotros mismos. No importa lo irremediable que parezca la vida ahora, Él ya escribió el guion de nuestra eternidad. Y si tan solo ponemos nuestra confianza en Él, el final de nuestra historia será incalculablemente bueno.

UN GRITO
DE GUERRA DE AMOR

«¿No lo escuchas?».

En Londres, no necesitaba un auto. Pero cuando me mudé a Estados Unidos, mi esposo me enseñó a conducir en el auto con caja de cambios manual que había comprado usado a los 16 años. Me costó aprender cuándo cambiar de marcha. Arrancaba en primera y aceleraba hasta que el auto rogaba que pusiera la segunda. Como iba concentrada en el camino que tenía por delante, pasaba por alto el sonido indicador. «¿No lo escuchas?», me preguntaba Bryan. Me apuraba a cambiar del acelerador al embrague, tomaba la palanca de cambios, la echaba para atrás y la deslizaba para poder volver a llevarla hacia adelante a la segunda marcha. Y así seguíamos, hasta que el auto pedía a gritos la tercera marcha.

Tal vez, al igual que yo, eres un seguidor de Jesús, y quieres mantener el pie en el acelerador. Hay tanto que los cristianos necesitamos hacer, y por ahora, tenemos que ir a alcanzar a personas de toda tribu y nación para Cristo. Pero después de doce años de vivir en Estados Unidos, estoy convencida de que, para progresar, tenemos que cambiar de marcha. En vez de pisar el pedal, tenemos que poner el auto en punto muerto y dar el difícil paso del arrepentimiento antes de cambiar a segunda o tercera marcha.

En particular, los cristianos blancos debemos reconocer las maneras en que nuestra tribu ha sido cómplice del dolor de los norteamericanos negros: desde la esclavitud a la segregación y a la desigualdad racial de hoy. Reconocer este pecado puede parecer un paso atrás. Algunos lo ven como una distracción de la obra vital de predicar el evangelio. Pero ¿y si nuestro error al no escuchar las voces de los hermanos negros y no hacernos cargo de esta historia de pecado está limitando nuestra evangelización, así como mi error al no escuchar a mi auto evitaba que pusiera la segunda marcha?

Tal vez nos preocupe que proclamar que «las vidas negras son importantes» afirme una motivación progresista más amplia que también celebra las identidades LGBT+. Pero ¿y si nuestro error a la hora de luchar por la igualdad racial mientras también sostenemos una ética sexual bíblica permite que esa unión progresiva de ideas permanezca indiscutida? Si no luchamos por los objetivos bíblicos de la justicia y la igualdad raciales, caemos en el guion que dice que la ética sexual cristiana viene atada a la opresión. Para poder avanzar, es vital que desyuguemos estas ideas. Para mostrar en dónde se equivocan los progresistas, también debemos reconocer libremente en qué tienen razón.

Sea cual sea nuestro trasfondo racial, los cristianos también debemos arrepentirnos de las maneras en que hemos permitido que una *verdadera* homofobia —el temor, el odio y la desconfianza ante las parejas gay— infecte nuestras iglesias. Demasiadas veces, las personas LGBT+ fuera de la iglesia tan solo han escuchado un mensaje de odio. Demasiadas veces, hemos dejado que nuestros hermanos que sienten atracción a personas del mismo sexo dentro de la iglesia se queden temblando en la oscuridad, creyendo que son una molestia y que nadie los ama. Si quieres arrojar combustible a la tentación sexual, deja sola a una persona. Pero, si queremos que los cristianos atraídos a personas del mismo sexo prosperen, tenemos que recibirlos con brazos abiertos. Esto no implica apoyar el romance homosexual. Significa obedecer la Biblia, la cual nos llama a llevar los unos las cargas de los otros (Gál. 6:2) y a amarnos unos a otros profundamente (1 Ped. 4:8). Es más, en un mundo donde las personas no quieren escuchar el evangelio porque creen que somos intolerantes homofóbicos, los cristianos fieles y que sienten atracción hacia personas del mismo sexo en nuestras congregaciones son un equipo de fuerzas especiales enviado por Dios para atravesar esas defensas. No hay manera más poderosa de testificar de Jesús en esta generación que alejarse de una satisfacción sexual y romántica porque crees en un amor mejor.

Además, debemos reconocer las maneras en que no hemos imitado a Jesús en Su trato con las mujeres. En lugar de marginar a las mujeres, debemos celebrar su ministerio evangelizador, cultivar su crecimiento teológico y animarlas mientras sirven al Señor, ya sea en el hogar o en el trabajo. En un mundo donde a las mujeres se las empuja a un sexo libre de compromisos, la contracultura de la iglesia debería afirmar tanto el matrimonio como la soltería como opciones cautivadoras para los cristianos, en vez de hacer sentir marginadas a las mujeres que no están casadas o que no tienen hijos. Y, frente a la historia de avergonzar a las mujeres por tener hijos fuera del matrimonio, nuestras iglesias deberían validar a las mujeres que han decidido tener a su bebé a pesar de toda la presión social de abortar, y ofrecerles la familia extendida y el apoyo práctico que toda madre soltera necesita.

En un mundo donde hacer la transición al sexo opuesto o rechazar el binarismo de género se ha transformado en una especie de salvación para algunos, nosotros debemos afirmar lo bueno de los cuerpos masculinos y femeninos, sin aferrarnos a estereotipos de género no bíblicos. Si Jesús cocinó para Sus discípulos, lloró con Sus amigos y tomó bebés en Sus brazos, no tenemos por qué pensar que la masculinidad solo tiene que ver con un amor por los autos, con mirar deportes o levantar pesas. Y si Jesús tuvo algunas de Sus conversaciones teológicas más importantes con mujeres, no debemos actuar como si lo único que les importara a las mujeres fuera la cocina y la ropa. Los cristianos debemos arrepentirnos de las formas en que nuestra aceptación de los estereotipos culturales ha hecho que algunos sientan que no se hallan en su propia piel. Tenemos que tomar en serio a aquellos que experimentan disforia de género y sentarnos con ellos en su malestar, sin afirmar entender algo que no comprendemos, y sin afirmar una identidad de género que vaya contra su sexo, sino escuchando la historia de cada persona y buscando apoyarla de la mejor manera que podamos. Esta acción quizás no siempre sea recibida como amor. El gobierno de Dios sobre nuestras vidas es una herejía para los oídos modernos y autodeterminantes. Pero tenemos que decir la verdad con ternura, y no permitir que nuestro pecado tome el volante.

En todos estos frentes, debemos luchar con fiereza con el arma que Dios nos ha dado: un amor tenaz que se sacrifica. En vez de abuchear a los progresistas que buscan amor y justicia, atraigámoslos con la canción de Jesús: Su canción de buenas nuevas para los que fueron históricamente oprimidos; Su canción de amor que supera las diferencias raciales y étnicas; Su canción que llama a hombres y mujeres, casados y solteros, jóvenes y viejos, débiles y fuertes, alegres y heridos, ricos y desamparados a un amor eterno con Él. Luchemos con amor y cantemos la canción con la cual, un día, triunfaremos.

¿Puedes escucharla?

RECONOCIMIENTOS

Este libro sucedió rápidamente, y lo mismo pasará con los agradecimientos.

Doy gracias a Collin Hansen, Matt Smethurst e Ivan Mesa de The Gospel Coalition por estar dispuestos a dar el salto y por suplir todas las necesidades en tiempo récord. Agradezco a Rachel Gilson por decirme que escribiera este libro, y por ser mi primera lectora, la mejor consejera y una fuente diaria de ánimo. Doy gracias a Claude Atcho y Steven Harris, los cuales me ofrecieron comentarios y sugerencias expertos; y a Sam Allberry, que leyó todo el libro la noche en que se lo envié: ¡la marca de un gran amigo! Me siento enormemente bendecida por el apoyo de Christine Caine, la cual oró por mí y me alentó, a pesar de encontrarse tan exigida en su propio tiempo. Estos hermanos en Cristo son un regalo. Dios sabe que trabajo con el mejor equipo.

Doy gracias a todas la personas que me permitieron usar sus historias en este libro, y a mi familia, que volvió a tolerar mi frenesí de escritura. No podría escribir en público acerca de temas tan controversiales si no supiera que, en privado, soy amada. Por último, doy gracias a Aquel que cree que vale la pena morir por mí, y que me sostendrá por la eternidad. Él es mi resurrección y mi vida.